稀釋生命中的
「不愉快」

目錄

第四章　每天都是好日子

第五章　自信的人生最美麗

第六章　總有一扇窗為你打開

第七章　美德是永不凋謝的花朵

目錄

序言

社區裡新開了一家花店，店主是一位老太太。花店的生意很清淡。但是老太太臉上卻沒有一絲擔心和憂慮，只有幸福和滿足，好像生意的好壞與她無關似的。沒有顧客的時候，老太太就拿一本書，坐在花叢裡靜靜地看，她的行動好像不太方便了，而且身材較矮小，但這絲毫不影響她臉上那皺紋中露出的燦爛 —— 她就像一位花仙子。

這位老太太的恬靜、幸福、快樂，讓社區那些每日追名逐利的人們羨慕不已，他們背地裡猜測著老太太一定是某位富人的遺孀，否則她怎麼穿得起做工精緻、高雅有風韻的旗袍？她怎麼品得起高級的普洱？她怎麼喜歡看原版的英文名著？

老太太的外甥事後對人說：「姨媽幼年喪父，中年喪夫，老年喪子，人生三大不幸她都遭遇了。但她從來就沒在厄運面前低下頭，她說雖然改變不了上蒼給予她的命運，但她能改變自己的心情，能改變自己對命運的態度，所以，每一次遭遇不幸之後，姨媽都能很快地調整心情，姿態從容地去過好每一天。」他的話不但解除了人們的疑問，更讓人們對生活有了更多的感悟。

有一次，一位失意的年輕人，對生活心灰意冷，他無意間走進了老太太的花店。

老太太對他說：「孩子，我不知道是什麼原因使你失去了快樂，但我們先不探討這個。來，你先坐下，聽聽花開的聲音。」

「花開有聲音？」年輕人非常納悶。

「是啊，每一種花開都有聲音。」

「我以前怎麼沒聽到過呢？」

「那是因為你內心裝滿了怨恨、憂慮、絕望、恐懼……如果你剔除掉它們，你的心靈就會變得輕盈，因為只有空著的心才能聆聽到花開的聲音。能聽到花開的人，一定是這個世界上最快樂、最幸福的人。」

年輕人聽後，沉默良久，他已找到了調節心情的法寶——豁達、從容、樂觀……

朋友，如果你還不懂得如何用平和的心態來對待生活中的缺憾與苦難，這本書就能給你答案。

本書用大量經典的、充滿智慧的故事和深入淺出的道理，詳細闡釋了我們如何用平和的心態去面對那些無法避免的缺憾、苦難。

朋友，當你逐頁閱讀本書時，你會明白這樣一個道理：我們無法選擇我們的命運，但我們可以選擇我們對待命運的態度。用什麼樣的心情去面對生活，就有什麼樣的生活品質。心情好，一切都會好！

第一章
心輕上天堂

　　生活中，許多人總是把活得很心累、活得很窩囊的主要原因歸結
於外界的客觀原因，卻從未審視過自己生活心態的好壞。很多事實證
明，心累多是自己心智未開，心理負荷太重的結果。好的心態決定好
的命運，只要你不給心靈施壓，你就能生活在天堂。

■沒有臺詞也能成為主角

瑪麗是一個十歲的小姑娘，她從小就希望自己能成為一名出色的演員。這一次，機會來了，學校準備排練一部叫《聖誕前夜》的短話劇。瑪麗熱情地去報了名，對此，她的家人都表示了支持。

定角色那天，瑪麗回到家後，徑直去了自己的臥室，她的臉上沒有了以前的笑容，眉頭緊鎖，嘴唇緊閉。家裡人見狀很擔心，便都跟了進去。

「你被選上了嗎？」哥哥小心翼翼地問。

「是的。」瑪麗的聲音極細，那兩個字簡直是從牙縫裡擠出來的。

「那你為什麼不高興呢？」父親問。

「因為我的角色！這部短劇只有四個人物：父親、母親、女兒、兒子。」瑪麗說。

「你的角色是什麼？」父親接著問。

「他們讓我演……演一隻狗！」瑪麗說完，用被子蒙住了頭。家裡人只好默默地退出了她的房間。

晚飯後，父親和瑪麗談了很久，但他們沒有透露談話的內容。

除了父親外，全家人都很奇怪瑪麗為什麼沒有退出排練，因為她們認為演一隻狗沒什麼好排練的。

但是，瑪麗卻練得很認真，很投入，她還用自己的零用錢買了一對護膝，據說這樣她在舞臺上爬時，膝蓋就不會痛了。瑪麗還告訴家裡人，她的動物角色名叫「拉拉」。

　　演出那天，瑪麗的家人早早地到了劇場。當燈光轉暗時，演出正式開始了。

　　最先出場的是「父親」，他在舞臺正中的搖椅上坐下後，就大聲召集家人出來討論聖誕節的意義。接著「母親」出場，她優雅地面對觀眾坐下。

　　然後是一臉幸福的「女兒」和「兒子」，他們兩個分別跪坐在「父親」兩側的地板上，然後把頭倚在「父親」的大腿上，眼睛看著慈祥的「母親」……

　　「這是多麼和睦、快樂的一家人啊！」觀眾們想。

　　在這一家人熱烈的討論聲中，瑪麗穿著一套黃色的、毛茸茸的狗道具，手腳並用地爬進場。

　　然而，這不是簡單地爬，瑪麗蹦蹦跳跳、搖頭擺尾地跑進客廳，她先在小地毯上伸個懶腰，然後用可愛的小鼻子嗅嗅男主人的腳尖，又抬起前腳朝兩位小主人做了一個滑稽的動作，才在壁爐前安頓下來，並開始呼呼大睡，一連串動作，唯妙唯肖。很多觀眾都注意到了，四周傳來輕輕的笑聲。

　　接下來，劇中的「父親」開始向全家人講聖誕節的故事。他剛說到「聖誕前夜，萬籟俱寂，就連老鼠……」

　　「拉拉」突然從睡夢中驚醒，機警地四下張望，彷彿在說：「老鼠？哪有老鼠？」神情和真的小狗一模一樣。舞臺下瑪麗的哥哥用手掩著嘴，強忍住笑。

　　男主角繼續講：「突然，輕微的響聲從屋頂傳來……」昏昏欲睡的

「拉拉」又一次驚醒，好像察覺到異樣，牠仰視屋頂，喉嚨裡發出嗚嗚的低吼。

太逼真了！可愛極了！瑪麗一定費盡了心思。很明顯，這時候的觀眾已不再注意主角們的對白，幾百雙眼睛全盯著「拉拉」。

因為「拉拉」的位置靠後，其他演員又都是面向觀眾坐著，所以觀眾可以看見瑪麗，其他演員卻無法看到她的一舉一動。他們的對話還在繼續，瑪麗幽默精湛的表演也沒有間斷，臺下的笑聲更是此起彼伏。

那晚，瑪麗的角色沒有一句臺詞，卻搶了整場戲。

後來，瑪麗告訴哥哥說，讓她改變態度的是爸爸的一句話：「如果你用演主角的態度去演一隻狗，狗也會成為主角。」

命運賜予我們不同的角色，與其怨天尤人，自暴自棄，還不如全力以赴，亮出最好的自己。

生活禪

　　在人生的舞臺上，你是不是經常扮演沒有臺詞的角色？不要緊！如果你全身心地投入劇中，竭盡全力地去扮演好自己的角色，你也可能成為舞臺上的「焦點」，成為萬眾矚目的「主角」，只要你努力，誰說這樣的幸運不會降臨到你身上呢？

　　如果因為自己的角色沒有臺詞，而採取應付的態度，那麼你就在觀眾給你下評語之前提前宣判了自己的死刑。用什麼樣的心態對待自己的角色，就會有什麼樣的收穫，你把自己當成主角，就能演出主角的風采。

> 在此，我們有必要記住瑪麗父親的那句話：「如果你用演主角的態度去演一隻狗，狗也會成為主角！」

▌一樣的生活

草地上，一隻糞金龜推著一個糞球，急急忙忙地往家裡趕。雖然草地高低不平，但這隻糞金龜毫不在意，牠推的速度比自己的同類要快得多，顯然，這隻糞金龜是快樂的。

在糞金龜回家的必經之路上，一根伸到路面上的荊棘格外顯眼，這根荊棘上有根尖尖的刺，它就成了這條路上的攔路虎。糞金龜沒有發現危險，牠依舊專心地、快樂地推著糞球，前進，前進……

也許是冥冥之中的安排，不偏不斜，糞金龜推的那個糞球，一下子紮在那根刺上。

但是，糞金龜好像並沒有發現自己已經陷入困境。糞金龜正著推了一會兒，不見動靜，牠又倒著往前頂，還是不見效。糞金龜還推走了周圍的土塊，試圖從側面用力 —— 該想的辦法牠都想到了，但糞球依舊深深地紮在那根刺上，沒有任何出來的跡象。

這時，一位過路的人剛好看到了這一切，他不禁為糞金龜的鍥而不捨好笑，因為對於這樣一隻卑小而智力低微的動物來說，實在是不能解決好這麼大的一個「難題」的。

就在這個路人暗自嘲笑牠，並等著看牠失敗之後如何沮喪離去時，糞金龜突然繞到了糞球的另一面，只輕輕一頂，咕嚕──頑固的糞球便從那根刺裡「脫身」出來。

糞金龜贏了！

沒有勝利之後的歡呼，也沒有衝出困境後的萬千感慨。贏了之後的糞金龜，就像剛才什麼也沒有發生過一樣，牠幾乎沒有做任何停留，便又推著糞球急匆匆地向前去了。

這個路人愣住了，他突然悟到自己在某些方面並不如糞金龜。比如自己一陷入困境，就牢騷滿腹，一旦小有成就，就會到處歡呼，而糞金龜則受挫不驚，解困後不喜，或許，這也是一種大智慧！

生活禪

論智力，論情商，糞金龜遠不及人類，但是，面對生活中突然出現的難題，糞金龜解決問題的態度卻值得所有人學習。雖然糞金龜不懂輸贏，但是牠明白這樣一個道理：推得過去是生活，推不過去也是一樣的生活。

可見，人類所謂的痛苦、煩惱，也大多是自找的。生活原本不會給人施予這些負面的情緒，而我們之所以會在得失面前表現出大喜大悲，實則不是一種智慧的事情。

心輕上天堂

生活中，許多人總是把活得很心累、活得不如意歸咎於外界的客觀因素，卻從未審視過自己生活心態的好壞。很多事實證明，心累多是自己心智未開，心理負荷太重的結果。好的心態決定好的命運，只要你不給心靈施壓，你就能生活在天堂。

在埃及的國家博物館裡，有一件令人不解的展品：一個用精美白玉雕刻的匣子，大小和常用的抽屜差不多，匣內被十字形玉柵欄隔成四個小格子，潔淨通透。

玉匣是在法老的木乃伊旁發現的，當時匣內空無一物。從所放位置看，匣子是十分重要的，可它是盛放什麼東西用的？為什麼要放在那裡？寓意何在？誰都猜不出。這個謎，在很長一段時間內，讓考古學家們百思不得其解。

很多年後，在埃及中部盧克索的帝王谷，在卡爾維斯女王的墓室中，考古學家發現了一幅壁畫，才破解了玉匣的祕密。

壁畫上有一位威嚴的男子，正在操縱一架巨大的天平。天平的一端是砝碼，另一端是一顆完整的心。這顆心是從一旁的玉匣子中取出的。

原來在埃及古老的傳說中，有一位至高無上的美麗女性，名叫快樂女神。快樂女神的丈夫，是一位明察秋毫的法官。據說每個人死後，心臟都要被快樂女神的丈夫拿去秤量。如果一個人是快樂的，心的分量就很輕，女神的丈夫就引導那有著羽毛般輕盈的心的靈魂飛往天堂；如果那顆心很重，被諸多罪惡和煩惱填滿，快樂女神的丈夫就判他下地獄，永遠不得見天日。

原來，白玉匣子是用來盛放人的心靈的。誰的心輕盈，誰就能上天堂。

生活禪

既然心輕的人死後可以上天堂，那麼同樣的道理，當他活在塵世上時，他的日子肯定也比別人過得愉悅、快樂。那麼，怎樣才能使自己心「輕」呢？很簡單：比別人少一份比較，少一份貪婪，少一份埋怨，少一份苛責⋯⋯

心「重」的人死後要進入地獄，其實他活著時也經常承受著地獄般的煎熬，因為當了小官後，他想著更大的官；有了一百萬後，他還想著一千萬；有了相濡以沫的另一半，他還想著不可能屬於自己的另一個人⋯⋯

問問自己，你的心是輕還是重？千萬不要等到快樂女神的丈夫用天平來稱量，那時就太晚了。不如趁現在，我們隨時隨地都可以把心上的累贅一一剔除掉，這樣，無論是陽世還是陰間，我們不是都能過著天堂般的日子嗎？

從自己身上找出路

大海漲潮，潮退時把海中的三條大鮪魚擱置到了海灘。

在海灘上，大魚們英雄氣短，全沒了往日的威風。

大魚們商量，怎樣才能使自己回到大海中，牠們希望能夠借助再次漲潮的機會，逆水回到海中。可再次漲潮得等到什麼時候還不知道，並且現在牠們的前面有條漁船擋住了道。

第一條鮪魚，卯足了勁，用盡自己的力量，箭一般地從漁船上跳了過去，回到了大海中。

第二條鮪魚則潛伏在水草叢中，借機逃過了漁船。

第三條鮪魚則躺在海灘上，心想也許漁船根本就發現不了自己，為什麼要費那麼大的力氣呢？還是等漲潮時再說吧。

漁船經過海灘，把第三條鮪魚捕撈走了。

第三條鮪魚為自己的消極等待，付出了生命的代價。

生活禪

做命運的主人，而不應該由命運來擺布自己。把自己的命運掌握在自己的手中，自己決定自己的未來，終究是比把命運交給僥倖心理或別人更好！

在遭遇困難時，只要你善於挖掘自己的潛能，從自己身上找出路，就能逆轉命運，就有力量和勇氣解決面臨的困難。

■恐懼比死神更厲害

我們每個人都有恐懼、害怕、擔心的時候，比如，夜晚雷電交加，突然停電了；當電梯行進時突然卡在建築物的中間，而電梯的門又無法打開；某一種病症正在肆虐人間……這些時候，很多人就會因為恐懼而導致生命的終結，人們就會說某某人被災難奪去了生命。事實上並非如此，某某人在某某災難中失去了生命的原因，不是因為災難本身，而是因為恐懼。

一天早晨，死神向一座城市走去。

「你要去做什麼？」一位老人問道。

「我要去帶走一千個人。」死神回答說。

「太可怕了！」這位老人說。

「事實就是這樣，」死神說，「閻王已經下令了，我必須這麼做。」

這位老人跑去提醒所有人，死神即將來臨。

到了晚上，這位老人又碰到了死神。

「你告訴我你要帶走一千個人，」這位老人說，「為什麼有一萬個人死了呢？」

「我照我說的做了，」死神回答，「我帶了 1,000 個人，恐懼帶走了其他那些人。所以，這不是我的錯！」

生活禪

　　這個小故事告訴我們，情緒性的恐懼是致命的，它比死神更屬害。然而，解除恐懼的辦法是始終存在的，只要你有自己的主見，能時刻保持冷靜，能戒除焦慮等負面情緒，即使在災難之中，死神也會望而卻步。

　　渥太華大學心理系教授布拉德溫說：「害怕的心理加劇到某種程度或變質的時候，就變成病態了。」生活中，大多數稀鬆平常的情況，你卻認為極端恐怖，這就是「不健全的焦慮症」。而情緒中一旦有了焦慮、恐懼，心情就不會坦然、寧靜。

▌沒有什麼好憂慮

　　古時候，有一位國王讓大臣到民間去暗訪，看什麼樣的臣民最快樂。這位大臣領旨而去。

　　三年後，大臣回到王宮，告訴國王最快樂的臣民是一位賣豆子的小商販。

　　「為什麼？」國王大驚。

　　「尊敬的國王，我調查了許多王公大臣，他們都不快樂，因為他們不是嫌自己的官銜太小，就是同僚間明爭暗鬥；我也調查了一些商賈巨富，他們也不快樂，因為他們擔心市場千變萬化，自己的貨物賣不出最理想的

價錢；我也問過一些農夫，他們在下雨天擔心雨水沖壞禾苗，天晴時又擔心禾苗得不到及時的灌溉，所以快樂也與他們無緣。可是，當我遇見一個賣豆子的小商販時，他正在邊唱歌邊從豆子裡挑揀出一些雜物。」

大臣還未說完，國王就打斷他的話，說：「這個賣豆子的小商販之所以很快樂，是因為他的生意好極了吧！」

「最初我也是這麼認為的。可觀察了三天後，卻發現他的生意很清淡。」大臣接著說，「我就上前詢問他生意不好，為何還那麼快樂的原因。那個賣豆子的小商販說：『我很快樂，因為我從來就不為豆子賣不出去而擔心。假如豆子賣不完，我可以拿回家去磨成豆漿，再拿出來賣；如果豆漿賣不完，可以製成豆腐；豆腐賣不成，變硬了，就當豆腐乾來賣；豆腐乾再賣不出去的話，就醃起來，變成豆腐乳。此外，我還有一種選擇：我把賣不出去的豆子拿回家，加上水讓豆子發芽，幾天後就改賣豆芽；豆芽如果賣不動，就讓它長大些，變成豆苗；如果豆苗還是賣不動，再讓它再長大些，移植到花盆裡，當做盆景來賣；如果盆景賣不出去，再把它移植到泥土中去，讓它生長，幾個月後，它長出了許多新豆子，一顆豆子現在變成了很多豆子，想想那是多划算的事！』我聽完後，覺得他的話很有道理，因此便認為他是最快樂的人。」

「是啊，賣豆子的小商販的確是最快樂的人，他沒有任何憂慮的事情。」國王說。

生活禪

馬克吐溫在晚年時曾感嘆道：「我的一生太多時候在憂慮一些從未發生的事，沒有任何行為比無中生有的憂愁更愚蠢了。」

「杞人憂天」最能證明憂慮者的心情了。但是生活中，我們所憂慮、害怕擔心發生的事情，根據機率計算，有百分之九十以上不會發生。因此，我們還有什麼好憂慮的呢？讓自己的心平靜下來，過一種屬於自己的快樂的生活吧！

■一切皆有可能

大雁之所以能搏擊萬里長空，是因為牠們組成「人」字形，飛行速度比單飛既快又省力；老鷹之所以能追趕白雲，是因為牠們有一對強有力的翅膀。而體態臃腫、肥胖且翅膀非常小的非洲蜂為什麼能夠在草原上連續飛行兩百五十公里，且飛行高度是一般蜂類所不及的呢？

為了解開這個謎，生物學家們對非洲蜂進行了長期的觀察和研究：從生物學的理論上講，非洲蜂體形肥胖臃腫，而翅膀卻非常短小，在能夠飛行的物種當中，牠們的飛行條件是最差的；從飛行的先天條件來說，非洲蜂們甚至連雞、鴨都不如；從流體力學來分析，牠們的身體和翅膀的比例根本是不能夠起飛的，即使人們用力把牠們扔到天空去，牠們的翅膀也不可能產生承載肥胖身體的浮力，會立刻掉下來摔死。

然而事實卻是，非洲蜂不僅能飛，而且是飛行隊伍裡最為強健、最有耐力、飛得最遠的物種之一。

經過長期的觀察、研究後，科學家們對此給出了合理的解釋：非洲蜂

天資低劣，但牠們必須生存，而且只有學會長途飛行的本領，才能夠在氣候惡劣的非洲大草原活下去。簡單地說，如果非洲蜂不能飛行，牠就只有死路一條！

　　為了生存，非洲蜂克服了自身的劣勢，執著地練習長途飛行，終於獲得了長途飛行的能力，而這也是牠賴以生存的根本。

　　非洲蜂用自身的成功給了我們人類這樣一個啟示：只要不放棄生命，只要堅持，沒有什麼叫做「不可能」。

生活禪

　　「一切皆有可能！」這不是一句狂語，只要用心去做，每個人都能創造奇蹟。

　　不是嗎？在一次晚會上，全部由殘疾人表演的「千手觀音」在世界上贏得了廣泛的讚譽，但在這之前，有誰能相信，這些身體條件有缺陷的人能舞出那樣震撼人心的舞蹈呢？一名因患小兒麻痺症而一條腿致殘的青年在數十年寒窗之後，終於在著名的大學哲學系取得了博士學位，但在這之前，有誰能相信一位身心障礙者能在艱辛的哲學領域裡攀上高峰呢？只要有勇氣、信心、堅持不懈地努力，那些看似不可能的夢想，都能變成現實。

■給欲望套上「鎖鏈」

在這個世界上，沒有欲望的人幾乎不存在，合理的欲望是有必要的，也是正常的。但是，欲望不能過度強烈，無限膨脹，因為心態不健康，就會影響身體的健康。哲學家叔本華就說：「健康的乞丐比有病的國王更幸福。」

世界衛生組織於一九八一年四月三日公布了一份資料：世界上有三個長壽地區，即蘇聯的高加索、厄瓜多的貝爾卡邦巴、巴基斯坦的豐紮。生活在這些地區的人平均壽命特別高，百歲老人的比例甚至高出其他地區八到十二倍。

這份資料公布後，正在羅德島度假的美國大出版商、紐約洛倫德出版公司的老闆薩拉‧何塞從中發現了商機。他認為，出版一套探討這三個地區長壽奧祕的書一定會賺錢。

於是，薩拉‧何塞停止休假，他立即飛回紐約，並通知手下的六名記者立刻奔赴這三個長壽地區採訪，兩週之內趕回來交上書稿，三週之內推出這套關於百歲奧祕的叢書。

薩拉‧何塞先生的眼光果然不錯，這套書還沒有上市，便已大受歡迎，很快就收到六百五十萬份訂單，眼看財源就會滾滾而來。

但是，出乎薩拉‧何塞先生的預料，因種種原因，六名記者沒有在兩週之內趕回來並交上書稿，書的出版被迫延遲，公司不得不交付巨額違約金，薩拉‧何塞先生因此而緊張焦慮，突發腦溢血，結果不治身亡，年僅五十二歲。

　　具有諷刺意味的是，這套有關百歲奧祕的書在薩拉‧何塞先生過世後出版了，六名記者在書中詳盡介紹了這三個地區人們的長壽奧祕，其中重要的一條是心態平和。

　　也許有人認為：薩拉‧何塞先生是因追尋百歲奧祕而喪命的。顯然不是，他的生命是終止在無休止地追逐財富的路上，是他發財的欲望過於強烈，以至情緒緊張而忽略了自身的健康。

　　可見，欲望有時是魔鬼，你不給它套上枷鎖，它就會給你的心靈套上「鎖鏈」，甚至會奪去你的生命。

生活禪

　　心態平和是身體健康的關鍵，但是很多人在欲望的支配下，失去了理性，他們狂熱地追逐金錢，以致忽略了身體。俄國作家克雷洛夫說：「貪心的人想把什麼都弄到手，結果什麼都失掉了。」一位哲學家說：「人的欲望是一列火車，如不控制就會害己害人。」

　　的確，欲望會縮短或撕碎人的生命，如果想長壽，就得放棄一些功名和富貴，不要追求虛名，不要給自己制定不切實際的追求目標，不大喜大悲，而要時時保持內心的清靜。

▋讓自己豁達些

很多人都有這樣的經歷，玩撲克牌時，一旦發現手裡的牌很差，便放棄，這樣的人的耐挫力當然很差。換言之，他在生活中的日子過得也不會太快樂，因為他心靈的空間填滿了失望與悲觀，沒有一絲豁達與開朗。

正確的選擇應該是：不論我們手中的牌是好還是壞，我們都要把它打光，並且打得淋漓盡致。人生亦如此。重要的不是發生了什麼事，而是我們處理它的方法和態度。假如我們轉身面對太陽，讓自己沐浴在陽光裡，就不可能陷身在陰影裡。當然，要想做到如此灑脫，我們就得有豁達的心胸。

美國有一個名叫艾柯的年輕人，他很喜歡唱歌，但他天生長有兩顆暴牙。

為了掩飾自己的缺陷，艾柯每次登臺演出時，都用手遮住自己的暴牙，結果嚴重影響了聲音的品質。因此，艾柯被評為最不受歡迎的歌手。

受到打擊後的艾柯既痛恨自己的暴牙，卻又無可奈何，只好終日借酒消愁，不想再唱歌了。

一天，潦倒的艾柯正在一家酒吧喝酒時，一位年老的先生走了過來，對他說：「孩子，長有暴牙的確是一件令人不愉快的事情，但你不妨把它當成自己的特殊標誌，而不必刻意去掩飾，你應該盡情地張開嘴巴。觀眾看到你真實大方的表演後，我相信他們一定會喜歡你的。」

艾柯接受了老先生的忠告，不再為自己的暴牙而感到苦惱。他還為自己編了下面這首歌曲，作為每次登臺演出的保留曲目。

　　我是暴牙，我是暴牙，長了暴牙別害怕。暴牙可以刨地瓜，下雨可以遮下巴，喝茶可以隔茶渣，野餐可以當刀叉。你說暴牙是不是頂呱呱，頂呱呱。

　　這首歌雖有自嘲之意，但歌詞詼諧幽默，深受觀眾的喜歡。

　　從那以後，艾柯每次登臺，都盡情地張開嘴巴，發揮出自己的潛能與特長，終於成為一位著名的大歌星。

生活禪

　　在生活中，一定要讓自己豁達些，因為豁達的人才不會因有缺陷而自卑、自憐、自棄，這樣的人在逆境中也更容易樂觀進取。美好的生活應該是，時時擁有一顆輕鬆自在的心，不管外界如何變化，自己都能有一片清靜的天地。

　　豁達之人一般都具有開闊的胸襟，他們雖然不能決定自己生命的長短，但懂得擴展它的寬度；他們知道不能改變天生的容貌，但卻大方地時時展現笑容；他們知道不能期望掌控他人，卻懂得好好掌握自己；他們不求事事順利，但卻努力做到事事盡心。

　　豁達能讓心靈保持明亮，並且保持著一種永恆的寧靜，這樣的人生，因為心靈的富足而美麗。

▌征服自己的感情

不可否認，有理智是被人稱道的。生氣歸根結柢是一種情緒，它與理智總是對立的。它們就像兩個如影隨形的敵人，就如一枚硬幣的兩面，總是不可避免地糾纏在一起。在個體身上，它們總是演繹著成功與失敗、完美與缺陷的戲劇。往往有些時候，不是別人打敗了你，而是你自己打敗了自己。

塞拉西是女王佐迪圖的繼承人，他認為領導國家應該採取強硬的措施，因此他用了十年的時間削弱了衣索比亞的勢力。只有女王和她的親信古格薩依然在反抗，企圖將他除掉。在這樣的情況下，他把女王的親信古格薩任命為貝格曼德的省長，讓他遠離女王，從而削弱了女王的勢力。

一直以來，古格薩都在積蓄力量，準備打倒塞拉西，但由於時機不成熟沒有採取什麼行動。塞拉西明白古格薩的意圖，他想只有激怒古格薩，才能讓他在沒有準備好的情況下有所行動，那樣自己將必勝無疑。

此時，北方的阿茲布加拉斯族開始反叛，但是塞拉西故意讓他們壯大，然後命令古格薩率軍隊攻打他們。

古格薩以為機會到了，於是散布謠言說塞拉西與教皇勾結。謠言使得古格薩的軍隊迅速增加到將近四萬人，他們向南進攻，但不是去征討阿茲布加拉斯族，而是攻向首都阿迪斯阿貝巴。

古格薩聲稱他進行的是聖戰，是為了基督徒而進行的戰爭。他們要推翻塞拉西的統治。

然而，這其實是一個陷阱。塞拉西早已取得衣索比亞教會的支持，並

且用金錢賄賂了古格薩的一些重要盟友，他們已經不再支持古格薩了。

塞拉西派人向古格薩的軍隊發布傳單，說教會只承認塞拉西是真正的基督教領袖，古格薩已經被逐出教會。這些傳單動搖了士兵的士氣，古格薩的軍隊人心惶惶，同時也失去了原來盟友的支持。

最後，古格薩在戰鬥中被殺，女王因為悲痛而去世，幾天後，塞拉西坐上了衣索比亞新皇帝的寶座。

塞拉西清楚地知道只有打亂古格薩的計畫，按照自己的計畫行事，他才有可能取得勝利，否則將會給他帶來巨大的危險，因此他故意激怒古格薩，迫使他提前採取行動。

在塞拉西的精心策劃下，古格薩終於莽撞地採取了行動，最終導致了失敗。

生活禪

你有急躁易怒的脾氣嗎？要是有的話，一時的發作，將會使千里之堤潰於蟻穴，毀掉長年累月的全部工程。

韋伯斯特說：「要保持冷靜，因為憤怒並不表現有理。」美國布希總統也說：「辯論是要心平氣和，因為狂怒會使謬誤鑄成大錯，會使真理變成粗魯。」

畢達哥拉斯說：「憤怒始於愚蠢，終於懊悔。」

一個人應當以征服自己感情的能力作為衡量他內在力量的標準，而不是以感情征服他的力量作為衡量的標準。

▍改變自己的內心

「不是讓你少喝點啤酒嗎？我可不喜歡自己的男友肚子裡沒有多少墨水卻大腹便便。」一位女孩對男友說。

「你應該向我學習，多吃生大蒜，這樣對身體好。」一位丈夫第 N 次對妻子說。

「小子，你又用左手捏筆，再這樣我就揍你！」一位父親憤怒地對上一年級的兒子說⋯⋯

我們總是用各種方法、各種藉口試圖去改變周圍的人，但是，讓別人輕易改變自己的習性，不是一件容易的事情，一旦對方達不到自己的要求，便責怪或是抱怨，這樣便會破壞了自己的心情。因此，與其改變別人，不如改變自己，改變自己的內心。

很久以前，有一位國王，他統治著一個富裕的國家。

有一次，國王到一個離王宮很遠的地方旅行。回到王宮後，國王不停地抱怨腳非常疼，他以前從未走過那麼長的路，更何況他所走的是崎嶇的山路。

於是，心懷怨恨的國王向天下發布詔令，命令老百姓用皮革鋪好每一條道路，否則，就要受到懲罰。很明顯，這要用掉無數張牛皮，花費巨額的金錢。而且，這也幾乎是不可能做到的事情。

眼看著許多無辜的百姓就要遭受牢獄之災，這時，宰相冒著觸犯國王的危險進諫道：「陛下，為什麼你要花那麼多不必要的金錢呢？你何不剪一小塊牛皮包在自己的腳上呢？」

聽了宰相的話，國王很驚訝，但略加思考，他就接受了這位宰相的建議 ── 命令鞋匠為自己做了一雙厚底牛皮鞋。

生活禪

人類習慣於改變世界，改造身邊的人，總喜歡別人沿著自己的腳印走，按自己的想法行事。有這種想法實在不明智，因為改變別人是一件困難的事。如果我們換一種方法，去改變自己，改變自己的內心，改變自己的想法，生活才有可能變得更美好，世界才會變得更和諧。

■享受苦難

成功學家卡內基說：「大多數的富家子弟，總是不能抵抗財富所加予他們的試探，因之而陷入紙醉金迷的生活中。他們根本不是懂得上進的貧苦孩子的對手，對於這些小老闆，窮苦的孩子根本不用害怕。」

卡內基是自己所在行業的頂尖者。但是，他認為苦難就是財富。當你以一種積極的心態去享受苦難時，人生會因此而輝煌。

一位雕刻大師，在森林裡找到了兩塊上好的木料，便把它們砍回家，準備雕成兩座佛像。

就在雕刻家拿出工具時，一塊木料哀求道：「尊敬的先生，我受不了

那種刀斧加身時的疼痛，你就放過我吧。」

「好的，我可以放過你。但你想過沒有，如果不經過刀斧加身，你就會被人遺忘，永遠沒有出頭之日了。」雕刻大師說完，就隨手把那塊木料放在一邊，而另一塊則被大師雕刻成了一尊佛像。

在大師完工後的那個夜晚，木料嘲笑那尊佛像說：「喲，瞧瞧你，渾身刀痕累累，花了那麼長時間，受了那麼多的罪，現在還不是躺在這裡，一動也不能動。你看看我，渾身上下沒有一點傷痕，成天逍遙自在地躺在這裡，別說多快活了。說不定，哪天又有人將我高價買走，我的前途又無限光明了。你說，我們倆的命運怎麼會相差如此之大呢？」

佛像沉默著，沒有理會木料的嘲笑。

過了幾天，一座香火旺盛的寺廟住持，前來拜訪雕刻大師。閒聊當中，住持無意間看到了那尊佛像，願意出高價買下，大師不肯。經住持再三懇求，大師見他心誠，才同意出售給他。

大師把那尊佛像交給住持時，又順便把那塊閒置在家的木料一併送給了住持，說：「這塊木料，放在我這裡也沒什麼用，你一起拿走吧，說不定還能派上什麼用場。」

「哦，由於香客太多，寺廟門檻早已被踩爛了。我看這塊木料做門檻剛好合適。」住持說完，便把佛像和木料一起帶走了。

安放在大殿中的佛像，每天都受到香客的跪拜，承受香火及三牲的供奉，身分地位尊榮備至。而那塊木料，則被做成了門檻，每天都被和尚和香客們踩來踩去。

一天夜裡，木料又開口了，「我們是相同的兩塊木料，為什麼你可以

享受供奉，而我卻天天讓那些和尚和香客們踩來踩去，真是痛苦⋯⋯」

佛像終於開口了：「在大師完工之前，我所受到的雕琢之苦，常人是難以承受的，當初你不願意接受刀斧加身，所以今天你我所受的待遇，才會有天壤之別。」

生活禪

佛家最講究苦難的煉獄，唯有青燈古寺的苦修，才能達到至高的境界。沒有苦難的人生，就不是真實的人生。苦難能促使人奮進，唯有經歷過苦難的磨礪，才能使我們的信心歷久彌堅。

人生的成功或失敗，幸福或坎坷，快樂或悲傷，有相當一部分是由人自己的心態造成的。你不願吃苦，也就難以享受到成功的樂趣。你承受了苦難，就能享受到常人所享受不到的成功。

■別給自己貼上失敗的標籤

森林裡，獅子正在呼呼大睡。一位路過的神見了，決定和它開個玩笑，於是在它的尾巴上掛了張標籤，上面寫著「驢」，有編號，有日期，有圓圓的公章，旁邊還有個簽名。

獅子醒來後，非常惱火。怎麼辦？這號碼，這公章，肯定有些來歷。如果私自撕去標籤，免不了要承擔責任。

於是，獅子決定合法地摘去標籤，牠滿懷氣憤地來到野獸中間。

「我是不是獅子？」牠激動地質問。

「你是獅子，」狐狸慢條斯理地回答，「但依照法律，我看你是一頭驢！」

「怎麼會是驢？我從來不吃乾草！我是不是獅子，問問野豬就知道。」

「你的外表，無疑有獅子的特徵，」野豬說，「可具體是不是獅子我又說不清！」

「蠢驢！你怎麼不吭聲？」獅子心慌意亂，開始吼叫，「難道我會像你？畜生！我從來不在馬廄裡睡覺！」

驢子想了片刻，說出了牠的見解：「你倒不是驢，可也不再是獅子！」

獅子徒勞地追問，低三下四，牠求山羊作證，又向老虎解釋，還向自己的家族求援。同情獅子的，當然不是沒有，可誰也不敢把那張標籤撕去。

憔悴的獅子變了樣子，為這個讓路，給那個閃道。一天早晨，從獅子洞裡忽然傳出了「呃啊」的驢叫聲。

生活禪

　　寓言中的獅子不相信自己，而一再向別人求證，以致最後失去自己的本真。在生活中，也有許多人類似於這隻獅子，他

們總是容易被別人的言行所左右，不敢肯定自己，繼而懷疑自己，否定自己。

　　事實上，別人對你的評價如何並不重要，重要的是你要正確地看自己，相信自己，肯定自己。唯有如此，才能在保持本真的同時，做最好的自己。

■ 要有雅量

　　「為什麼心胸狹窄的人總是心情不好呢？」有人問亞里斯多德。

　　「因為折磨他的不僅是他自身所受的挫折，還有別人的成就。」亞里斯多德回答說。

　　《三國演義》中的周瑜，之所以英年早逝，不是疾病奪去了他的性命，也不是戰爭使他早亡，而是因為度量太小，活活地被自己害死了的。

　　周瑜是個文武全才，但氣量太小，心裡容不下比他有能力、有才華的人。比如，在火燒赤壁，大敗曹軍後，竟容不下與他共同抗曹的諸葛亮，並密令部下徐盛、丁奉擊殺諸葛亮。不料諸葛亮早有準備，密殺失敗後，周瑜惱怒萬分，並一再尋找其他機會，但都被足智多謀的諸葛亮化解。此時，嫉妒之火已把周瑜燒得寢食難安，最後竟被活活氣死。

　　周瑜嫉才、妒能，害人而最終害己的慘痛教訓，足以警示後人。下面這個寓言故事也說明了這個道理：

野豬代表動物王國和矮人國的大力士傑菲比賽摔角，結果野豬戰勝了傑菲。為了表彰野豬，動物王國和矮人國的國王共同頒旨：在兩國的交界處，為野豬立了一塊石碑。

戰敗的傑菲十分嫉恨野豬，他在黑夜的掩護下，偷偷地跑到石碑處，用隨身攜帶的鋤頭拚命地刨石碑下的土，想把石碑推倒，以消除心頭之恨。

小矮人揮鋤拚命地挖，石碑終於如他所願地倒了下來，但也恰好壓在他的身上，把他活活地壓死了。

生活禪

用今天心理健康的標準來看，氣量狹小是指對他人的優越地位而產生的不愉快的情感，也是對別人的優勢以心懷不滿為特徵的一種自慚、惱怒、怨恨，甚至帶有負面破壞性的負面情感。這種負面情感累積到一定程度，人就容易失去理智。

所以，我們有必要想盡一切辦法克服嫉恨心理，只要有意識地對這種不健康的心理進行自我調適，才能坦然地面對自身的弱點。這樣，就不會因為心胸狹小而失去快樂。

■認知到自身的局限性

我們完全能夠覺察到錯誤的行為所能導致的危險，然而，大家卻傾向於忽視它們，因為我們相信自己的力量能戰勝一切。

有以上這種想法的人，就是那些患上了「超人綜合症」的人，這些人認為自己的智慧和力量無與倫比，因此，他們可以不繫安全帶，在高速公路上超速行駛；可以不採取任何安全措施，徒手攀登高樓，以為自己真的是蜘蛛人……

事實上，我們是能夠意識到威脅的，卻沒意識到自身的局限，這就是人類心理區別於動物的心理特徵之一。但是，有些人類的智商其實並不比動物高多少，因此他們誤把魯莽當勇敢，把自己的血肉之軀當成刀槍不入的金剛之身，他們在客觀上認為自己具有免疫力，因此在面臨明顯的失敗時，還不願清醒地面對現實。

很多人都熟悉這樣一個故事：

一隻蚊子向獅子挑戰，獅子大大咧咧地同意了。獅子想，自己是萬獸之王，難道還怕一隻小小的蚊子？

在決鬥中，這隻蚊子在獅子全身上下翻飛，一會兒飛到獅子的左臉，猛叮一口，一會兒又飛到獅子的右臉叮一口；一會兒又是嘴巴，一會兒又是尾巴。而獅子則不停地飛舞巴掌或尾巴，在自己臉上或身上拍來拍去，一心想把這隻蚊子拍死。可蚊子因為身體細小，每次都能巧妙地飛身躲過。

就這樣，獅子不但沒有拍死那隻蚊子，反而把自己滿臉和全身抓得血

肉模糊，毫無懸念，這隻蚊子贏得了勝利。

但故事並未到此結束。

這隻戰勝了獅子的蚊子，忽一日也患上了人類才能犯的那種「超人綜合症」，牠到處吹噓自己是如何神勇，如何所向無敵。

一位過路的神聽見後，好心地提醒牠道：「你雖然戰勝了萬獸之王，但並不代表你能戰勝一切，你還是應該小心為好，並且特別要注意不去招惹蜘蛛，不然，你的性命……」

但是，這時的蚊子對神的提醒嗤之以鼻，牠得意地說：「哼，我是戰勝萬獸之王的蚊子，我怕誰！」並決定在遇到蜘蛛的時候，給牠一點教訓。

一次，蚊子飛到一間破損的房屋裡時，發現牆角有一隻蜘蛛正在結網，便毫不猶豫地衝了過去，結果卻身陷圇圇，成了蜘蛛的一頓美餐。

勇往直前，不甘認輸，似乎是人性的優點，但如果沒有意識到自身的局限，而一味自負地向危險挑戰，那麼，我們遲早會走這隻蚊子的老路。所以，為了生活能夠得到完全的保障，在判斷每天生活中的危險時，最好是實際一點，並且及時做一些必要的、積極的準備。

生活禪

　　自信是我們每個人必須具備的基本特質之一，但如果盲目的自信，那就是自大、自狂、自傲，而盲目自信只會為你換來失敗的果實。有一則典故叫「螳臂擋車」，生活中有很多人類似這個典故中的那隻螳螂的個性，他們凡事好強，雖然明知道

目標不能實現，但心裡卻極不服氣，於是便盲目地向明知不可能的目標挑戰，結果受到傷害的只能是自己。

　　我們在做任何事前，都要權衡一下自己的實力，如果沒有能力，卻還幻想能成功，自不量力的結果只能使他付出慘痛的代價。

■ 正視人生的缺憾

　　人生沒有絕對的完美，也就是說人生從不曾完美過，人生就是這個樣子，永遠是有缺憾的。

　　佛學把這個世界叫做「婆娑世界」，翻譯成中文就是能忍許多缺憾的世界。人的世界本來就有諸多缺憾，不完美才是完美，太完美了就是缺陷。

　　從前有一個圓，被弄掉了一個邊，它總想找到那個小邊，好讓自己變成一個完美的圓。可是，由於它的不完整而滾動得非常慢，也因而領略了沿途鮮花的美麗，它和蟲子們聊天，它充分享受陽光的溫暖。它找到許多不同的碎片，但都不是原來那一塊。

　　它堅持著找尋……直到有一天，它實現了自己的願望。然而，成了一個圓以後，它滾得太快了，錯過了花開的時節，忽略了蟲鳴……當它意識到這一切時，它毅然放棄了歷盡千辛萬苦找回的碎片。

所以，在生活中，我們不要為有缺憾而煩悶和憂愁，應當積極地去面對人生。這樣，我們就會發現正是缺憾讓我們達到了人生真正意義的完美。

在美國，《獨立宣言》是廣受尊重的歷史檔，其地位也許僅次於《聯邦憲法》。《獨立宣言》的原件珍藏於華盛頓國家檔案館，是美國的無價之寶。

然而，這樣一份神聖的、莊嚴的檔案，有誰能料到，其中竟有兩處「缺憾」。

原來，當初這份檔案成稿以後，大家發現遺漏了兩個字母，但是，沒有人認為應該重新抄寫一遍，只是在行間把這兩個字母加了上去，並打上了「∧」符號。在上面簽字的五十六名美國菁英，並未因此認為這有辱於這份賦予國家自由的檔案的聖潔。

世界上完美無缺的檔案很多，但成為國寶的有幾件呢？富有智慧的人往往只看重事物的內容，而不看重事物的形式。生活中，追求完美是很多人心中的一個結，為了這個結，他們放棄了那些看似不完美的東西。

你的生活中是不是也有缺憾呢？還在為它而煩惱嗎？要想尋求到快樂，就必須學會放棄完美。

生活禪

很多時候，缺憾也是一種美麗。在日常生活與工作中，我們不能杜絕缺憾，但我們可以超越並昇華缺憾，並且在缺憾的人生中不斷地追求完美。如果我們能把缺憾當作追求成功、追

求完美的某種動力，我們就大可不必為所謂的種種人生缺憾而耿耿於懷了？

人生雖然有許多不完美之處，每個人都會有這樣或那樣的缺憾。但是，沒有缺憾我們就無法去衡量完美。仔細想想，缺憾其實不也是 —— 種完美嗎？當我們認知到缺憾也是另一種意義上的完美時，我們就可以笑對缺憾，並從中獲得快樂。

■跟「憂愁」說再見

在人的一生中，誰都難免會遇上一些不幸之事，悲觀者常被不幸打敗，而樂觀者則往往能從不幸中看到希望，從而去積極改變自身的遭遇。

當你用樂觀的心態面對周圍的一切時，你的整個人生都會變得充滿陽光；如果稍微遇到不如意之事就憂慮、煩惱，這樣不但無濟於事，反而會使自己的心情更加糟糕。

當鐘春從網上看到颱風「馬莎」已從沿海登陸，並將陸續影響到中國內陸各省和華北地區時，他趕忙關掉電腦，急急忙忙地向同事和親朋好友們報告這個消息。

「唉，從明天又是壞天氣了，這樣的天氣上班一定會堵車，在家也會悶得慌，該怎麼辦呢？」「哦，真倒楣！『馬莎』將嚴重影響我們的生活，由於很多地區會受災，物價肯定會上漲。不行，不跟你多聊了，我現在得

趕緊去市場多買點食品回來。」「你說，『馬莎』帶來的暴雨會不會使水庫潰堤，我們的安全有保障嗎？」「我準備把孩子送到他奶奶家去……」

事實上，颱風「馬莎」幾乎沒有帶給鐘春所在的這座北方城市多大的影響，但鐘春卻擔驚受怕、杞人憂天而病倒在家中。

當有同事前去探望鐘春，並勸他以後要以樂觀的態度面對生活時，鐘春還沒有意識自己的病是由於不必要的憂慮引起的，相反，他只是一而再地問同事：「你能肯定我們在下一次的颱風中平安無事嗎？」

現在，鐘春每天不是擔心這個，就是那個，整天把自己搞得緊張兮兮的，從來就沒有輕輕鬆鬆的過過一天好日子。

生活禪

有一位哲人曾說：「假使你每天擔憂一回，那麼一生便要損失好幾年。有什麼能改善的，那麼就盡力而為之。鍛鍊你自己，不要憂愁，因為憂愁於事無補。」的確，憂愁只是白白浪費我們的時間而已，如同把許多好的東西扔掉一樣。

樂觀本身就是一種成功，因為它表示你擁有健康的心靈，活得快樂瀟灑，活得心安理得。

你的態度決定你的心情，影響你的健康，甚至改變你一生的際遇。與憂愁說再見，使悲觀與自己無緣，這是心理健康的前提，也是幸福人生的關鍵之一。

■失去也是一種獲得

「得」是很多人奮鬥不止的目的，但有些東西卻是不得不學會放棄的。比如功名、利祿……學會了放棄的同時，我們也會收穫很多意外的東西。面對物欲橫流的社會，懂得放棄的人，會用樂觀、豁達的心態去對待沒有得到的東西，他們每天都有快樂和愉悅的心情伴隨左右；而不懂得放棄的人，只會盲目地追求，他們不僅最終未能達到目標，而且每天都陷於得與失的苦惱之中。

山上，一朵不知名的小花，生長在一棵高大的松樹底下。小花覺得自己很幸運，因為大松樹就像是它的保護傘，能為它遮風擋雨。因此，小花每天都高枕無憂，快樂地享受著大松樹的庇護。

一天，山上來了一群伐木工人，他們把那棵大松樹鋸倒後，很快就運下了山。

失去了保護傘的小花，為自己的未來而擔心起來。於是它痛苦說道：

「上帝啊！人們奪去了我的保護傘，從此那些囂張的狂風會吹彎我的腰，傾盆大雨會把我的花瓣打碎，枝葉打散，我再也沒有好日子過了！」

「哦！孩子，你的好日子恰恰還在後頭呢！」遠處的另一棵樹對小花說：

「只要你換個角度想想，就會發現沒有了大松樹的阻擋，陽光會照耀著你，雨水會滋潤著你；你弱小的身軀將會長得更加茁壯，你盛開的花瓣將一一呈現在燦爛的陽光下。當人們看到你時，會因你的可愛而稱讚你，難道這樣的日子，你不想過嗎？」

生活禪

在生活中，當你突然失去了一些以為可以長久依靠的東西時，痛苦和傷心是難免的。但只要你換一種思維方式，從另外一個角度去看問題，就會發現，在失去的同時，你也能獲得許多。

不過，在剛失去的那段日子裡，你肯定會有失落感，會有迷茫，但你一定要相信，經過挫折磨難的洗禮之後，你一定能脫胎換骨，找回全新的、受人喜愛的自我。

■上帝給誰的都不會太多

西方某國有一著名女歌唱家，三十歲時就成了歌壇上的領軍人物，享譽全球。據說，她的家庭也很美滿，有一位事業有成的丈夫，因此，在很多人眼裡這位女歌唱家是幸運的，因為她擁有的一切都是那麼完美。

一次，她到鄰國去開個人演唱會，入場券早在一年以前就被搶購一空。當晚的演出也受到極為熱烈的歡迎。

演出結束後，歌唱家和丈夫、兒子從劇場裡走出來的時候，被早已等候在那裡的觀眾團團圍住。人們七嘴八舌地與歌唱家攀談著，其中不乏讚美和羨慕之詞。

有的人恭維歌唱家大學剛剛畢業就開始走紅，進入了國家級的歌劇

院，成為扮演主要角色的演員；有的人恭維歌唱家二十五歲時就被評為世界十大女高音歌唱家之一；也有的人恭維歌唱家有個腰纏萬貫的某大公司老闆做丈夫，而膝下又有個活潑可愛臉上總帶著微笑的小男孩……

在人們議論的時候，歌唱家只是在聽，並沒有表示什麼。當她等人們把話說完以後，才緩緩地說：「我首先要謝謝大家對我和家人的讚美，我希望在這些方面能夠和你們共享快樂。但是，你們看到的只是一個方面，還有另外一個方面沒有看到。那就是你們誇獎的活潑可愛臉上總帶著微笑的小男孩，不幸是一個不會說話的啞巴，而且，在我的家裡他還有一個姐姐，是需要常年關在裝有鐵窗的房間裡的精神分裂症患者。」

歌唱家的一席話使人們震驚得說不出話來，你看看我，我看看你，似乎是很難接受這樣的事實。這時，歌唱家又心平氣和地對人們說：「這一切說明什麼呢？恐怕只能說明一個道理，那就是上帝給誰的都不會太多！」

歌唱家說出這句話以後，所有的人都沉默著，似有所悟。

生活禪

的確，上帝是公平的，他不會厚此薄彼，而是平等對待眾生。如果他沒有給你傾國傾城的美貌，他一定會在其他地方補償你，比如智慧，比如事業，但是，這一切他給得很隱蔽，要你自己去用心體會，去發掘。因此，不要總是羨慕別人開跑車，你卻騎自行車上班，而要看到你有真心對待你的丈夫，有聰慧健康的兒女，有仁慈善良的父母，有無所不談的朋友……

記住：上帝給誰的都不會太多，更不會落下任何一個。

第二章
讓心靈自由放飛

　　沒有人不渴望獲得好心情，但好心情不會像自然界四季的交替一樣，自然到來。好心情是可以選擇的。我們無法選擇我們的命運，但我們可以選擇對待命運的態度，比如剔除掉痛苦、怨艾、自憐、恐懼、怯懦，而保留從容、豁達、樂觀、自信、堅強……

▌最重要的是舒心

舒心、愜意的人生是最美麗的人生。所謂舒心，就是開心；舒暢，就是心靈一塵不染，沒有絲毫雜質和負荷。能把日子過得舒心的人，大多是健康、快樂的人；而一旦心生雜念，心情不舒暢，不順心的事就會接踵而至。

湯瑪斯·帕爾是英國歷史上最有名的壽星之一。

八十八歲時，湯瑪斯第一次結婚。

一百二十歲時，湯瑪斯第二次結婚。

在一百四十五歲時，湯瑪斯還能跑步，給穀子脫粒，幾乎能完成所有的體力勞動。但是，就在人們還期待他能更加健康地活著時，他卻突然去世了。

湯瑪斯的傳記作者對他的死感到非常遺憾，「如果按原來的方式生活下去，那麼一切都將不一樣。」他寫道：

「湯瑪斯死亡的原因主要歸於食物和空氣狀況的改變。他從空氣清新的鄉下到了那時空氣已經相當汙濁的倫敦。在長年累月吃粗茶淡飯的情況下，他被帶進了一個生活奢華的家庭，人們鼓勵他吃好的飯菜，喝大量美酒，誤認為這樣能改善他的健康狀況，延長他的壽命。結果，他的身體自然機能嚴重超載，而且身體的本來習慣全被弄得紊亂了，所有的結果加速了他的死亡。」

假如湯瑪斯·帕爾仍然過自己那種樸素的生活，他的壽命還會更長。

人的生命不過幾十年，你是過自己舒心、愜意的生活，還是心靈被蒙蔽，去按照別人的意志生活呢？

生活禪

　　人往往由別人來掌控自己的心靈，把自己的心靈和生活交由別人來打理，結果加快了自己的死亡。正如一位法國作家所言：「人不是很容易死亡的，他們總是自己把自己弄死，因為他們的心靈充斥著壓抑與不安，因為他們把自己的心靈交給了別人，當日子不再舒心時，死神便會不邀自來。」

　　人生苦短，我們應該選擇過舒心、舒適的生活，而不是為了享受豪華，而由別人掌控自己的心靈。

▌活的是心情

　　我們無法逃避困難和挫折，但我們可以選擇面對困難和挫折時的心情。心情好，一切都會好。

　　有這樣一個寓言故事：

　　秋天到來的時候，動物們忙著採收過冬的堅果、小麥、豆類等食物。小松鼠也不例外。

　　小松鼠在外面尋找過冬的食物時，身邊還常帶著一個瓶子。牠有時在瓶裡放進一片紅色的楓葉，有時則是一朵金黃色的小菊花，有時甚至是一塊被太陽曬得溫熱的小石頭。小松鼠的反常舉動，常招來其他動物的嘲笑。

「你把楓樹葉裝進瓶子裡幹什麼？枯死的樹葉又不能當飯吃。」小白兔不解地問。

「的確，楓樹葉不能填飽肚皮，但在冬天，牠與可以填飽肚皮的食物同等重要。」小松鼠溫和地說。

「那些小石頭呢？你能把它當成水來解渴嗎？」

「不能。小石頭不能變成解渴的水，但在冬天裡，沒有它，我們同樣不能生存。」小松鼠肯定地說。

「你是不是瘋了？」

「沒有。我敢斷言：我比任何人都生活得更理智，更充實。」小松鼠的語氣裡充滿快樂和自信。

冬天來了，天氣變得異常寒冷。許多動物只能待在自己的窩裡睡大覺。

無尾熊和其他動物都覺得，這樣的日子十分單調和無聊，便決定去看看小松鼠，看牠是怎樣打發時光的。

「你看上去過得很快樂呀，你的收藏品呢？」無尾熊問。

「是的，我的確過得很快樂，你是想看我的楓葉、小石頭嗎？」

「對，我想看看，在冬天裡，它們是和食物同等重要嗎？」無尾熊嘲笑道。

「你們看，這就是我收藏的那片火紅的楓葉。」小松鼠說完，小心翼翼地從箱裡拿出那片楓葉，「在這漫長的冬季裡，我只要看到這片火紅的楓葉，就如同看到了景色迷人的秋天，不信，請你們閉上眼想想。」

　　無尾熊和黃鼠狼聽後，半信半疑地閉上了雙眼。

　　果然，無尾熊和黃鼠狼都覺得自己看到了秋天滿山的紅葉，樹上掛著紅彤彤的果實；稻田裡，農夫收割後，遺落在稻田裡的金燦燦的穀粒……

　　無尾熊睜開眼，欣喜地說：「我感覺好快樂啊，在這白茫茫的沒有生機的冬天，我好像又看到了美麗的秋天。」

　　「我也是，真的好開心！」黃鼠狼說。

　　「我也是，我也是！」其他動物都高興地說。

　　「那小石頭呢？」無尾熊忙問道。

　　「小石頭是被太陽晒熱後，我才收回瓶子裡的。你們摸摸，它現在還是溫熱的呢。」小松鼠又小心翼翼地從箱裡取出小石頭，捧在手心裡對動物們說。

　　於是，動物們紛紛伸出手，摸了摸小石頭，都覺得小石頭是溫熱的，而且還感到小松鼠的洞穴裡，也暖烘烘的，就像有陽光照耀著一樣。

　　「小松鼠，你真了不起！」無尾熊和其他動物都歡呼起來。

　　「我們現在才理解，你當初為什麼說它們與食物和水同樣珍貴了。的確，如果你當初和我們一樣，只顧收藏過冬的食物，那麼現在，洞穴裡也就感覺不到秋天的美麗，也就不會有春天般的溫暖了。而這種美妙的感覺，真的與食物、水同等重要。」這是動物們共同發出的感嘆。

生活禪

我們無法選擇我們的命運，但我們可以選擇我們對待命運的態度。用什麼樣的心情去面對生活，就會有什麼樣的生活品質。

在收藏食物的同時，還收藏火紅的楓葉、溫暖的小石頭等，這樣就可以在嚴寒的冬季，感受秋日的美麗，還可以溫暖自己的小屋。小松鼠給我們人類上了生動的一課：同樣是活著，但活的方法不同，活的心情也就不同！

追求心靈的自由

一個心靈自由的人，一定是個快樂無比的人。那麼，怎樣才能做到心靈自由呢？心理學專家告訴我們，獲得心靈自由的前提是，不貪圖私欲，不一味追逐金錢，不勾心鬥角，否則，過多地追名逐利，就等於給自己的心靈套上了沉重的枷鎖。

生活中的利己主義者，他們喜歡斤斤計較，追名逐利，這就等於給自己的心靈增加了負擔。心靈的負荷太重，就會憂患無窮，人往往也會未老先衰。

古代有一個國王，他年紀輕輕卻滿頭白髮，面容蒼老，背也直不起來，兩條腿一走路就顫抖，國王也不知道自己到底得了什麼病。於是，國

王命御醫會診，又請來天下名醫，結果卻無濟於事。

眼看著自己一天天地衰老下去，醫生們卻毫無良方，國王很是生氣。國王下令宮廷侍衛在城門外到處張貼告示，並許諾誰能治好自己的病，便賞金千兩，美酒百罈，美女十名，僕從十人……

重賞之下，必有勇夫。告示一貼出，便有一老者來到了王宮，表示自己可以醫治國王的病。

「你用什麼藥呢？」國王見老者兩手空空，很是懷疑。

「心藥。」老者淡淡地說，「國王的病不在肌體裡，不在骨髓裡，而是在心裡！」

「在心裡？」國王不解。

「是的。您是一國之君，可您的心胸卻沒有像您擁有的土地一樣遼闊；您擁有千千萬萬臣民，還命令軍隊到鄰國去掠奪百姓；您擁有取之不竭的金山，還命大臣到民間去搜刮；您有端莊、賢慧的王后，還命內侍去強搶民女；您有忠誠的大臣，卻懷疑他們會有二心……這些都是您未老先衰的根源。」

「你……你好大膽……」國王很生氣，但心裡不得不承認老人「診斷」的病因是正確的。

「還有，您動不動就大發脾氣，就像現在這樣。」老人直視著國王。

國王的面部表情慢慢地柔和下來，他換了一種口氣，說：「請問，老人家是否有醫治我這種疾病的良方？」

「有！打破您心靈的枷鎖，您的心得就會到自由，就會輕鬆，心一輕

鬆，人就精神……」

「您的良方是要我放棄征戰，放棄大量財富，放棄後宮三千美女……」國王不滿地問。

「是的。一個心胸狹窄、物欲太盛、又不肯與人分享的人，到頭來只會使自己的精神枷鎖越來越重。精神頹廢了，身體又怎能健康呢？」

國王聽後，慢慢地心平氣和下來。

在接下來的幾年裡，國王不再發動對鄰國的戰爭，不再沉溺於酒池肉林之中，不再算計著金銀財寶的多少。慢慢地國王的身體也越來越健朗了，他的頭髮變黑了，腰也直了，腿也有力氣了。

現在的國王，身體健康，精神飽滿，他戲稱自己「返老還童」了。

可見，心裡無私的人，他的心靈也是自由的。沒有了精神負擔，心胸開闊，情緒樂觀，自然有助於身心健康，自然也就越活越年輕了。

生活禪

　　晉代著名的養生專家稽康在《養生論》裡說：「養生有五難：名利不去為一難；喜怒不除為二難；聲色不去為三難；滋味不絕為四難；神虛精散為五難。」簡言之，這五難就是不能拋開的精神枷鎖。

　　前中華醫學會會長傅連暲說：「個人主義往往是憂傷、煩惱的泉源，因為個人主義者欲壑難填，整天患得患失，憂心忡忡，妄想、憤怒和沮喪在他的腦子裡『大鬧天宮』，沒個安寧。這樣的人往往自食其果，『老得快』就是其中一個惡果。」

在這裡，無論是晉代的嵇康還是現代的傅連暲都認為，要想身心健康，就得打破心靈的枷鎖，讓心靈得到自由，心靈自由了，人就活得有精神，有風采。

■ 與自己的心靈對話

生活中，那些在事業上未取得成功的人，有很多是因為年輕時自我放縱而造成的。他們的生活模式幾乎是一樣的，作息時間混亂，基本上憑本能、憑感覺懶洋洋地生活，想喝了就去喝，想吃了便去吃，過得隨心所欲，渾渾噩噩，不斷地浪費時間，而不懂得在人的一生中，要留一點屬於自己的時間，與自己的心靈對話，看清自己，了解自我，擴大自我的生活空間，重建自己的生命力。

十八世紀法國最傑出的啟蒙思想家盧梭非常珍惜與自我對話的機會，因為他深深地懂得這樣做對未來的人生是多麼重要，正是由於他深刻而又持久地與自我對話，他才成為了「前無古人，後無來者」的偉大啟蒙思想家。世界上許多偉大的宗教領袖經常遠離人群，回歸自我與心靈對話，一段時間之後再回到人群，與人分享自我心靈對話所得到的各種啟示。穆罕默德在每一年的齋月期間，都會避隱到希拉山的洞窟裡與自我心靈交流。他們無限擴展了自我生活空間，成為人類精神的偉大領導者。

留一點時間給自己，讓自我的心靈解放出來，遠離那些無關緊要的事

情，去注意那些必須做的事情，更加看清你的過去、現在與未來，心靈的空間漸漸擴大，而你成功的力量正是來自於這個空間。

生活禪

　　傾聽自己心靈的聲音，了解自己想要什麼，想做什麼，想拒絕什麼，害怕什麼……這樣才能讓心靈的負荷減少。當心靈獲得滿足時，就更容易獲得安靜與詳和。

　　一個不懂得與心靈對話的人，就不會懂得呵護自己的心靈。當他的心靈裡塞滿了各種不切實際的欲望、幻想和其他不良情緒時，他的生活就會變得一團糟。

■不被虛名所累

　　人心陷溺於榮譽的追求，非常強烈，因為榮譽總被認為是本身自足的善，是一切行為所趨赴的最後目的，而我們獲得榮譽與財富，不像獲得感官快樂那樣立刻就有苦悶與悔恨相隨。反之，榮譽、財富只會加強我們想要增加榮譽、財富的欲望。

　　但是，一個人的希望一旦感到沮喪時，極大的苦惱便跟著產生。榮譽還妄想掩飾迷亂的大災大難時的心情，而這種不可避免的命運所引起的苦痛又是真實地感覺得到的，如果他當時立即用哀號來發洩他的恐怖、苦痛

和絕望，使自己感到舒暢一點，那麼，他就會是一個庸俗的人。

現在社會上有很多事業有成的人，他們常常在各種名譽下，生活得很苦很累，失去了常人生活的樂趣，總是想著自己的一言一行、一舉一動都要符合自己的身分，這就像給自己帶上了名譽的枷鎖，失去了生活的自由，也失去了生命的本真。

阿力克是一名長跑冠軍，他極看重自己在公眾心目中的形象。

阿力克在得了胃病後，不願告訴他人，也不去及時診治，將病情當成祕密一樣倍加守護，唯恐自己給人留下一個弱者的印象。

終於有一天，阿力克再也挺不住了，被家人送往醫院。三天後，他便離開了人世。

主治醫生說他不是死於勞累，而是被自己名氣累死的。

生活禪

名譽畢竟是人的身外之物，雖然很重要，但是，人的生命更重要。為了追求名譽，而影響、損害健康，甚至送掉性命，這是捨本逐末，是最愚蠢的選擇。

面對榮譽，應該保持清醒的頭腦，我們要懂得珍惜榮譽，也要為自己爭取榮譽，但不能被榮譽打垮，不能被榮譽所累，否則，當你被虛名所累時，你就逃不脫榮譽的怪圈了。

■忙中偷閒

沒有人不希望休息，即使是非常無聊、精神上極為空虛的人，也有想要休息的欲望；即使是極其飛黃騰達的人，也不會為追求一個無窮無盡的目標而不知休息。

休息不是完全使精神或肉體停止活動，相反地應該是使身心適度地分開使用。人類的整個天性，是由活動來形成的，所以如果任意加以改變，天性就會有不良的反應。

人類是從休息的樂園中被放逐出來的，但上帝在命令人類必須工作時，並沒有忘記賜給人類工作後那種悠閒的安慰。因此，真正的休息是在活動之中被給予的。亦即精神上的休息，是得自於工作進展順利和任務的完成；肉體上的休息，則在於每日的睡眠、用餐時以及星期日這種無可取代的休息時刻。

世間的至福，就是在這種自然休息之後，能繼續進行有益的活動。

第三屆電信行業高峰會議正在加州的一處度假村舉行。每到會議休息時間，一些公司的總經理便回到自己的房間，不是和助手商議方案，就是研究其他公司的資料，忙得團團轉。

然而，令所有人驚奇的是，一到會議休息時間，環球電信公司的總經理亨利總是獨自一個人邁出會議室，沿著度假村的忘憂湖散步，或是到花園中欣賞奇花異草。

剛開始，有的人還以為亨利不重視這次峰會，或是貪戀山水美景，而忘了自己公司發展的大事。可出人意料的是，每次會議上發言時，亨利卻當仁不讓，他思路敏捷，精力旺盛，侃侃而談，一直是整個峰會的焦點

人物。

會議結束時，有位總經理好奇地問他說：「平時總見你漫不經心、遊手好閒似的，可一到會議時，你就精神百倍，咄咄逼人，你是不是吃了什麼靈丹妙藥？」

「是的，我的確是吃了靈丹妙藥，但我吃的靈丹妙藥就是忙中偷閒，去散步，去賞花，在這段時間裡我的大腦得到了很好的休息，因此，這會議我是越開越精神呀！」

現在這個世界很忙碌，這就是現代人碰面最常聽到的對話。現代人一再強調自己有多忙碌，好像這已經成為一種標準的生活模式了。一些人更是認為如果自己不夠忙，就表明自己對這個社會是沒有價值的人；一些人甚至還彼此競爭著看誰比誰忙呢！問題就在於，這種心態已經成為現代人日常生活中對話的基調。所以，就算你當時有一段空閒的時光，當你碰到朋友時，你還是不由自主地告訴他，你是多麼多麼忙。雖然有時你說的可能是大實話，但是一再地強調自己的忙碌，就是在跟自己過不去，也是在排斥你的朋友與你接近。你很忙，的確沒錯，但是你的生活中不能光有忙碌，你應該還得有其他興趣與愛好吧。

也許，人忙一點是好的，但過度的忙和別有用意的忙，除了傷身害體外，別無益處可言。

生活禪

在一家茶館前有這樣一幅門聯：「為名忙，為利忙，忙中偷閒，喝杯茶去；勞心苦，勞力苦，苦中求樂，拿壺酒來。」這就是養生、養心的精髓所在。

忙有時是好事，但過度的忙碌，除了傷身害體外，則別無益處可言。要善於忙中偷閒，在忙中找個機會放鬆一下自己的心情，讓休息方式多樣化。這樣，既可以放鬆繃得緊緊的每一根神經，又可讓身心得到徹底的休息，從中享受到生活的樂趣，何樂而不為呢？生活中總有做不完的事，爬不完的坡，善於「忙中偷閒」，並在閒中享受生活的樂趣，才是理智的人。

▉心胸曠達才能帶來健康

一位日本學者說：「所謂健康，並非只是早晨起來不覺得身體異常而能立刻起床，或感到精神十分愉快，而是醒來後有一種不可抑制的熱情。這種心態才是真正的健康！」這句話之所以得到人們的認可，是因為現代人都已經意識到健康包括兩部分：即身體的健康與心理的健康。而心理的健康又占主導地位，心理健康是生理健康的基礎。

胡佛是美國第三十一任總統。卸任後，由於壓力減輕，他的健康狀況一直良好。

過了八十歲生日不久，胡佛總統悠哉地叼著煙斗並且親自拆閱從各地寄來的賀電。

一旁的年輕助手問他：「面對這麼多的友誼和關懷，有沒有一點感慨？」

胡佛總統笑著搖搖頭，就說起一個故事：

有個八十歲的老先生在教堂做禮拜。

牧師問大家：「在座有沒有哪一位能老實地告訴我們，自己一個敵人也沒有？」

老先生舉手說：「我沒有！」

牧師請他把沒有敵人的祕密說出來，讓大家可以學習一番。

老先生淡淡地說道：「也沒有什麼，我只是比那些傢伙活得久些！」

可見，心靈曠達的人一定是長壽之人。身心皆健康是一個能擁有的最大的財富。邵雍有一首〈養心歌〉，在與大家分享這段歌的同時，希望它對你有所裨益。

> 得歲月，延歲月；得歡悅，且歡悅。
> 萬事乘除總在天，何必愁腸千萬結。
> 放心寬，莫量窄，古今興廢如眉列。
> 金谷繁華眼底塵，淮陰事業鋒頭血。
> 陶潛籬畔菊花黃，范蠡湖邊蘆絮白。
> 臨潼會上膽氣消，丹陽縣裡蕭聲絕。
> 時來頑鐵有光輝，運退黃金無顏色。
> 逍遙且學聖賢心，到此方知滋味別。
> 粗衣淡飯足家常，養得浮生一世拙。

中醫認為，一個人心不爽則氣不順，氣不順則疾病生。故心理養生提倡養成溫和的性格、寬闊的胸襟、與人為善的心態。當我們擁有健康的心理時，就會擁有健康的身體。

生活禪

　　人類的幸福只有在身體健康和精神安寧的基礎上，才能建立起來。亞歷山大大帝一生叱吒風雲，在極短的時間就征服了歐、亞、非三大洲，擁有無可估量的財富、土地、和人民。據說，他曾為沒有可供征服的地方而傷心落淚。但是，這位極具成就的帝王在三十多歲的時候，便英年早逝。如果亞歷山大不是時時想著征服，如果他的心靈像他所征服的土地一樣廣闊，或許他能活得更長久一些。

　　可見，物質上的擁有不能給我們帶來健康，但精神上的充實，心靈上的曠達，則一定給我們帶來健康與長壽。

■擁有主宰心靈的能力

　　人的心理牢籠有許多種形式，但有一點是相同的，那就是所有的「心理牢籠」都是人們自己營造的。其實，每個人身上都蘊藏著巨大的潛力，但有些人卻不懂得發掘，時間一長，便對自己失去了信心，任由世俗的一切來束縛自己。

　　大虎和王波是一起長大的好朋友，他倆有一個共同的特點，就是喜歡打賭。

　　有一天，大虎對王波說：「如果我送給你一個鳥籠，並且掛在你家屋

子裡顯眼的地方，那麼你肯定得買隻鳥回來。」

王波不信，說：「養隻鳥多麻煩啊，我是絕不會買的。」

大虎就去給王波買了一個漂亮的鳥籠，掛在王波的屋子裡最引人注意的地方。

結果可想而知，只要有人走進王波的客廳，就會問他：

「王波，你的鳥什麼時候死了，怎麼回事？」

「我從來就沒有養過鳥！」王波回答。

「那麼，你買這個鳥籠幹嘛？」朋友奇怪地看著王波，看得王波都覺得自己好像真的有了什麼問題：缺少愛心，漠不關心動物……

最後王波還是去買了隻鳥，放入那個漂亮籠子裡，因為他發現，這比無休止地向大家解釋要簡單得多。

生活中，我們也常像王波一樣，總是喜歡先在心裡裝上「籠子」，然後不得已在裡面裝上許多別人認為合適的事物，這其實就是我們心靈受到了束縛，是我們把自己裝進了牢籠。

當我們獨立於社會中時，束縛就必定會產生。這時候，很多人都會選擇那條安全但卻被束縛的道路，他們沒有勇氣反抗外界的束縛，雖然安全但只能任由別人擺布。而一個人要想真正成熟，就必須衝破心理的「牢籠」；就必須離開過去那種安全的、熟悉的環境；就必須承受生活中的變化。

很多時候，讓人苦惱的生活環境其實是在告訴我們：生活可能讓你遭遇到越來越多的束縛，稍不留神，我們就會被自己營造的「心獄」監禁。

「心理牢籠」雖然很難攻破，但它是我們自己營造的。因此，每個人都有衝出「心理牢籠」的本能，這種本能就是精神意志的力量。有了這種力量，什麼樣的「心理牢籠」都可以被摧毀。

生活禪

　　偉大的詩人歌德寫過這樣的詩句：「誰如果遊戲人生，他必然一事無成；誰不能主宰自己，他永遠是個奴隸。」雖然每個人都有主宰自己的願望，但並不是每個人都有主宰自己心靈的能力。因此，我們要鍛鍊自己的自控能力，使「心魔」無法入侵我們的心靈，從而能順利地打破「心理牢籠」，讓自己的心靈重獲自由。

■學會調節失衡的心理

　　在我們的生活中，幾乎每個人都會遇到一些讓人難堪的局面，遇到窘境，如何冷靜應對，調整心情呢？「自嘲」是一劑平衡自我心理的良藥。

　　古代有一個文人叫梁灝，少年時曾立下誓言，不考中狀元誓不為人。結果時運不濟，屢試不中，受盡別人的譏笑。但梁灝並不在意，他總是自我解嘲地說，考一次就離狀元近了一步。他在這種自嘲的心理狀態中，從後晉天福三年開始應試，歷經後漢、後周，直到宋太宗雍熙二年才考中

狀元。

梁灝寫過一首自嘲詩：「天福三年來應試，雍熙二年始成名。待他白髮頭中滿，且喜青雲足下生，觀榜更元朋儕輩，到家惟有子孫迎。也知少年登科好，怎奈龍頭屬老成。」自嘲使梁灝走過了漫長的坎坷，終於走向成功。自嘲，也使他走向了長壽，活過了古代難以逾越的九旬高齡。

一篇文章上講到，在一次舞會上，一個個頭偏矮的男子，去邀請一位身材高躲的女孩跳舞，那女孩拒絕道：「我從不與比我矮的男人跳舞。」

男人聽了沒有發火，也沒有指責對方，而是淡淡一笑，自嘲地說：「我真是武大郎開店，找錯了幫手！」

那女孩聽後面紅耳赤，反而不自然起來。

自嘲，使那位男士走出窘境，保持了心境的平衡，而且還把尷尬拋回去給那個傷害自己的女孩。

生活禪

其實，用自嘲來穩定情緒的方法很多。比如：當你在經濟上受到不合理的待遇時，你的生理缺陷遭到別人的嘲笑時，無端受到別人攻擊時，你不妨採用阿Q的精神勝利法，比如「吃虧是福」、「破財免災」等等調節一下你失衡的心理；在一些非原則問題上，可以裝裝糊塗，為心靈增加一層保護膜；在時機適當時還可如前所述，幽他一默。

▌越過絕望的深淵

第二次世界大戰爆發前，曾流傳這樣一個故事：

一天，一位高級軍官報告說：「依我看，事態的發展令人感到絕望。」

這時，邱吉爾鎮定地說：「的確，絕望的心情無法用言辭來表達。」首先肯定和承認這一現實，然後繼續說：「可我感到我年輕了二十歲！」

絕望和承認絕望是截然不同的兩種精神活動。承認自己的絕望處境才能客觀地看待自己！因此，處於絕望狀態時，承認自己處於絕望狀態這一現實，不僅能鬆弛自己的情緒，甚至還能使自己設法擺脫絕望的處境。

有一本人生雜誌，上面刊載如下的新聞：

有一位曾在戰場上受傷的士兵，當他從麻醉手術臺上醒過來的時候，軍醫對他說：「你再休息一會，你就會痊癒了，唯一遺憾的是，你已經失去了一隻腳了。」

沒有想到，這位傷兵卻大聲抗議說；「不對，我這隻腳不是失去的，而是被我遺棄的。」

任何人在讀完這篇報導後，都對這位士兵那種毫不沮喪地接受悲劇事實的勇敢心理，感到由衷的敬佩。他能把失去的，改稱為被遺棄的，顯然表示他已經越過絕望的深淵。

不管「失去的」也好，「被遺棄的」也好，反正是自己已經沒有了的東西，這是一個永不改變的事實。不過，如果你認為它是失去的東西，那麼，你的意志與感受便會不斷地牽掛在那件失去的事物上了。換句話說，失去的東西具有尚未了結的性質，所以內心一定會萬分地惋惜，甚至還會

想不開。相反的，如果你把它想像成被遺棄的東西，那就表示它是廢物，在這種情況下，你就會以輕鬆的心情來處理了結的事物，而且對它不再眷戀。

生活禪

在我們的人生中，失去的東西顯然不計其數。然而，只要我們把那些東西當做被遺棄的廢物時，沮喪的感覺就會減輕許多。由此可見，面對著同樣的悲痛事實，一念之差，前後的心情卻截然不同。

▌保持一份淡然的心境

哲人莊子講過一個支離疏的故事：

南方楚國有一個人叫支離疏，他的形體是造物主的一個傑作，或者說是造物主在心情愉快時開的玩笑：脖子像絲瓜，腦袋形似葫蘆，頭垂到肚子上而雙肩高聳超過頭頂，頸後的髮髻蓬蓬鬆鬆似雀巢，背駝得兩肋幾乎同大腿並列，好一個支支離離、疏疏散散的「美人」胚子！

支離疏卻暗自慶幸，感謝上蒼厚愛於他。

平日裡，支離疏樂天知命，舒心順意，日高尚臥，無拘無束，替人縫衣洗服、簸米篩糠，足以糊口度日。

　　當君王準備打仗，在國內強行徵兵時，青壯漢子如驚弓之鳥，四散逃入山中。而支離疏，偏偏聳肩晃腦去看熱鬧，他這副尊容誰要呢，所以他才那樣大膽放肆。

　　當楚王大興土木，準備建造皇宮而攤派差役時，庶民萬姓不堪騷擾，而支離疏卻因形體不全而免去了勞役。

　　每逢寒冬臘月官府開倉賑貧時，支離疏卻欣然前去領到三盅小米和十捆粗柴，仍然不愁吃不愁穿。

　　一個在形體上支支離離、疏疏散散的人，尚能樂天知命，以自然的心性，安享天年。那麼，把這支支離離、疏疏散散從而遺形忘智、大智若愚的精髓運用到立身處世的方法中去，就可以逢凶化吉、遠離災難。

生活禪

　　月滿則虧，水滿則溢。這是世之常理。否極泰來，榮辱自古周而復始。因此，大可不必盛喜衰悲，得喜失悲。

　　在大得大失、大盛大衰面前，應保持著一份淡然的心境。

▌不要逃避現實

生活中有一群這樣的人：丟了工作，便整天借酒澆愁；失戀了，哀嘆人間沒有真愛；破產了，便認為自己沒有能力東山再起。於是，他們便什麼也不幹，也打不起精神。有的人選擇墮落，有的人選擇放棄，更是有的人乾脆不珍惜生命，以為這樣就能逃避一切。其實，活著就是幸福，逃避現實是不可取的，也解決不了任何問題。下面這個寓言故事就說明了這個道理：

一天，小蝦在遊玩時，遭到了泥鰍的欺侮。受辱後的小蝦只好整天待在家裡，不敢出門，因為在牠看來，待在家裡至少可以保證不受泥鰍的欺侮。

幾天之後，蝦爸爸給小蝦一些錢，說海灘上正舉行一場盛大的遊樂會，牠可以拿著這些錢去買一些自己喜歡吃的小點心。小蝦高興地接過錢，但牠只在家門口遛了一大圈便回家了，牠藉口說自己不喜歡熱鬧，就躺在家裡睡起大覺來。

一連好幾天，小蝦都待在家裡，不出家門半步。

「兒子，你是不是生病了？」蝦爸爸見小蝦精神不振，便關心地問道。

「哦，不是，只是這段時間瞌睡多了點。」

「那更得走出家門去活動活動筋骨，老是待在家裡，會憋出毛病來的。」

聽完父親的話後，小蝦為了不讓父親對自己產生懷疑，便只好硬著頭皮走出了家門，來到了遊樂場。

這時，泥鰍突然出現在小蝦面前，並且惡狠狠地盯著牠。小蝦一見，轉身就往家裡跑，當牠氣喘吁吁，全身發抖地跑進家門口時，發現父親正端坐在家裡。

「你害怕什麼？怎麼全身發抖呢？」蝦爸爸問。

「我正在和朋友玩遊戲。」小蝦解釋道。

這時家門口傳來泥鰍的聲音，「出來，膽小鬼！」

蝦爸爸從門後拿出了一根木棍，然後平靜地對小蝦說：「要不你出去面對泥鰍，要不就躲在家裡挨揍。」

「我……」小蝦猶豫了。

蝦爸爸的棍棒落了下來，小蝦感覺到那種痛楚，遠遠超過了打架時挨過的拳頭。

於是，小蝦猛地衝出了家門，出其不意地攻擊了正在洋洋得意的泥鰍。由於泥鰍沒有想到小蝦會有膽量會衝出來，結果被小蝦揍了個措手不及，狼狽地逃走了。

生活禪

逃避現實解決不了任何問題，最明智的做法就是給自己勇氣，正視現實。如同寓言中的小蝦一樣，當牠鼓足勇氣去面對比自己強大的泥鰍時，結果勝利者卻是自己。

在生活中，誰也無法預料今後會發生什麼情況，因此，面對難題或壓力，你不能選擇逃避，否則，這些難題和壓力會把

你越纏越緊，越纏越累，只有正視它們，用力量和智慧之劍
去斬斷它們，你才能走出恐懼的陰影，為自己開創一個新的
局面。

▌守住一顆平常心

生活中，我們常常自問：是要以單純來應對社會的複雜，還是將自己
也變得複雜起來？是守住一顆平常心，還是野心勃勃、面目全非？

鄭芳是公司裡人人羨慕的好女孩。

鄭芳長得美麗而又文靜，說話時總是慢悠悠的，輕聲細語，但她所說
的每一個字都能說到別人的心坎裡去。

在工作上，鄭芳踏踏實實，認認真真，雖不能說業績傲人，但也無可
挑剔。

在婚姻上，鄭芳嫁給了與自己志趣相投的普通人，日子過得平平實
實、波瀾不驚。

鄭芳有一個聰明活潑的女兒，但她從不強求孩子學這學那，整天被沉
重的書包壓彎著腰；一到週末，一家三口或牽手散步，或去郊外遊玩，賞
賞青山綠水，怡然自得。

與周圍一些拚盡全力卻活得不盡如意的人相比，鄭芳默默地、不急不

躁地構築著自己平實的人生。

　　現實生活中，像鄭芳一樣，能守住一顆平常心，真不容易！

　　人生最大的苦惱，不在自己擁有的太少，而在自己嚮往的太多。嚮往本不是件壞事，但嚮往的太多，而自己沒有能力去實現，則會構成長久的失望與不滿，在對環境、對自己都長久的感到失望與不滿的情形之下，就會容易產生自卑、疑懼及內心的緊張。

生活禪

　　生活在自由開放的社會，充斥著誘惑。如果沒有一顆平常心，很容易就會被各種誘惑拉下水，從而失去自己最美好的東西。清貧、純潔、樸素，這在許多人眼裡也許有點不合時宜，但過著平靜的日子，守住一顆平常心，一樣可以創造豐盈的人生。

　　無數經驗告訴我們，智慧與快樂並無關聯，反倒是「聰明反被聰明誤」、「傻人有傻福」的例子俯拾皆是。

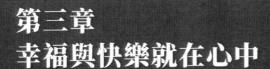

第三章
幸福與快樂就在心中

　　幸福、快樂就源自於我們的內心，只要你善於挖掘。其實，我們每個人都具備使自己幸福和快樂的資源，比如積極的生活態度、樂善好施的品德、奉獻愛心的精神等等。這些特質不難在自己身上找到，只是一些人沒有把這些「幸福快樂的資源」加以運用而已。

▌活得單純一些

一位少年問一位智者：「我怎樣才能獲得快樂？」

「簡化你的生活！」智者回答說。

換言之，人生若想要過得快樂，不妨活得單純一些。如果活得太複雜，就會被物欲、複雜的人際關係弄得焦頭爛額；而簡單的生活方式，有助於一個人的事業成功，也有助於一個人獲得心靈上的愉悅、平靜、詳和。

有位著名的專家，是他所在的那個領域裡的頂尖人物，在國內外都具有廣泛的影響。他所在的企業，凡是需要在外人面前炫耀研究成果時，總要亮出他這面大旗。

一次，公司蓋了一棟新宿舍，地理位置非常好，面積大，設施齊全，售價只是象徵性地收取一點建材費，但條件是只售給那些在國內外學術界具有影響力、對公司貢獻極大的專家。論資歷、論貢獻、論學術水準，這位專家完全可以入住，但他卻謝絕了。不是他交不起那一點點費用，也不是他已住在豪華、舒適的別墅裡。

他的行為令許多人不解。

一位多年的老鄰居問專家說：「放著那麼好的房子為什麼不住？」

專家反問對方：「我在這裡住得好好的，為什麼要搬過去呢？」

生活禪

　　人是群體的動物。生活在社會中，一生都會遇到很多的事情，如分房子、漲薪水、升官等等，如果事事搶，就會使自己心力俱疲，而生活也會複雜化。當然，身為現代人，我們也需要物質享受，也需要生活設施，但是，我們沒必要在這方面下大功夫和花大力氣，在這方面不妨簡單一些，甚至「糊塗」一些。

　　活得簡單一些，單純一些，人生就會更快樂。正如美國作家麗莎・茵・普蘭特指出：「當你用一種新的視野觀察生活、對待生活時，你會發現許多簡單的東西才是最美的，而許多美的東西正是那些最簡單的事物。」

■幸福與快樂就在心中

　　據說，在很久很久以前，人類是沒有任何快樂和幸福可言的。雖然人類一直在尋找快樂，但總是沒有結果。為什麼會出現這種局面呢？原來上帝在造人時，和天使們開了一個會議。

　　「我除了賜予人類智慧之外，還想給予他們快樂。但快樂有時比智慧還重要，因此不能輕而易舉地讓他們得到，否則，就沒有人會珍惜。可是，我們把人生幸福快樂的祕密藏在什麼地方比較好呢？」

「把它藏在高山上，這樣人類肯定很難發現，非得付出很多努力不可。」有一位天使說。

上帝聽了搖搖頭。

「把它藏在大海深處，人們一定發現不了。」另一位天使說。

上帝聽了還是搖搖頭。

「把它埋在土地裡吧，這是人類最容易忽略的地方。」一位負責管理土地的天使說。

上帝聽了仍然搖了搖頭。

「我看哪，還是把幸福快樂的祕密藏在人類的心中比較好，因為人們總是向外去尋找自己的幸福快樂，而從來沒有人會想到在自己身上去挖掘這幸福快樂的祕密。」又有一位天使回答說。

上帝對這個答案非常滿意。

從此，幸福快樂的祕密就藏在了每個人的心中。

生活禪

幸福、快樂就源自於我們的內心，只要你善於挖掘。其實，我們每個人都具備使自己幸福和快樂的條件，比如積極的生活態度、樂善好施的品德、奉獻愛心的精神等等。這些特質不難在自己身上找到，只是一些人沒有把這些「幸福快樂的資源」加以運用而已。

生活幸福和快樂與否，完全取決於我們對人、事、物的看

法如何，因為生活是來自於思想。換言之，要想培養快樂與平和的心境，我們就必須先擁有快樂的思想和行為，這樣才能成為一個快樂的人。

▎快樂的心是一劑良藥

幾千年前，賢明的所羅門王有一句格言：「快樂的心猶如一劑良藥，破碎的心卻吸乾骨髓。」猶太教和基督教徒都把喜悅、歡樂、開朗列為通向美好生活的途徑，這是值得我們現代人重視的。

辛德勒博士曾說：「不快樂是一切精神疾病的唯一原因，而快樂則是治療這些疾病的唯一藥方。」

在這裡，所羅門王和辛德勒博士都強調了快樂對人的重要性。我們甚至可以這樣說：「快樂和血液循環都是健康生存的關鍵因素。」

快樂不是別人能賜予的，而是根植於自己的內心，它需要我們自己去感受。有一則小故事就說明了這個道理：

矮人國裡，司農大臣聽說相國大人因病臥床不起，忙請御醫去替相國大人把脈問診。可無論御醫用什麼藥方，相國大人的病都不見好轉，反而越來越嚴重。

御醫見狀急了，他拉著相國大人的手說：「宰相，請你告訴我你的真正病因，好嗎？只有這樣，我才能對症下藥，才能救你的命。」

「我是因為覺得生活中沒有快樂而痛苦得要死的。我需要快樂！」相國大人說完，又痛苦地閉上了眼睛。

「看來，我得為他找到快樂，不然相國大人就死定了。」御醫說完，便來到人間，向人們打聽在哪裡能找到快樂。

「哦，我想有笑聲的地方就有快樂。」有人說。

御醫找到一位正哈哈大笑的人，對他說：「請你借給我一點快樂吧。」

「你認為我在笑，我就快樂嗎？其實，我是嘲笑自己剛才做的一件蠢事，我並不快樂。」那人停住笑，沮喪地說。

御醫來到巨人國的王宮，請求國王道：「尊敬的陛下，請你借給我一些快樂吧。」

不料國王說道：「要說這話的人應該是我，我雖然擁有至高無上的權力和無盡的財富，但我這一生，從來就沒有過一天真正快樂的日子。如果你找到了快樂，我願意用王位來換取。」

御醫失望地告別了國王。在一條鄉間小路上，他看見了一位又聾又啞的殘疾人，正在吃力地拉著一車柴禾趕路，忍不住嘆息道：「哦，又是一個沒有快樂的人。」

哪知殘疾人抬起頭來，用充滿快樂的眼神看著御醫，並用手比劃著說：「我有快樂！」

「你有快樂？」御醫有些不敢相信地問。

殘疾人使勁地拍著胸脯，表示肯定。

「那麼請你借給我一些快樂吧，我要去救相國大人。」御醫興奮地說。

殘疾人再一次用手拍了拍胸脯，比劃道：「快樂在我心裡，你是拿不走的。」

御醫於是回到矮人國，對相國大人說：「快樂根植於人的心裡，你若要快樂，只能從自己心裡尋找。」

相國大人聽後，恍然大悟。

生活禪

快樂是真實的，是發自內心的，除非獲得你的允許，否則沒有人能夠令你苦惱。快樂出自於我們的心靈和身體組織，我們快樂的時候，自我感覺很好，身體也很健康，甚至肉體感覺也變得更靈敏。快樂不是爭來的東西，也不是應得的報酬，更不能乞求別人給予。

查斯特·菲爾德說：「快樂是一種心理性格，是一種心理習慣。如果你想要快樂，你就快樂吧，不快樂的態度只能加劇和助長困境，使不利的情況更加不利。」

■知足者，快樂也

在網站和其他媒體上，我們經常看到人們發表對貪婪、不知足者的各種看法。下面這首流傳在民間的〈十不足詩〉就是其中之一。

終日奔忙為了飢，

才得飽食又思衣，

冬穿綾羅夏穿衫，

堂前缺少美貌妻，

娶下三妻並四妾，

又怕無官受人欺，

四品三品嫌官小，

又想面南做皇帝，

一朝登了金鑾殿，

卻慕神仙下象棋，

洞賓與他把棋下，

又問哪有上天梯，

若非此人大限到，

上到九天還嫌低。

這首詩對那些貪心不足者的心態刻畫得淋漓盡致。物欲太盛就導致了靈魂變態，永不知足的人，沒有家產想家產，有了家產想當官，當了小官想大官，當了大官想成仙……這樣的人精神上永無寧靜，永無快樂。

顯然，永不知足是一種病態，其病因多是地位、權力、金錢之類引發的。這種病態如果發展下去，就是貪得無厭，其結局是自我毀滅。

古時候，有一個自作聰明的秀才到別人家去做客。在吃飯時，秀才嫌菜沒有味道，主人聽說後，趕忙往菜里加了點鹽，菜裡的味道便鮮美多了。秀才嘗了嘗，心裡想：菜之所以鮮美，是因為加了鹽。加一點點的鹽味道便如此的鮮美，如果加更多的鹽，豈不是更加好吃！

回到家後，這位秀才便抓了一把鹽放進嘴裡，吃了以後，又苦、又鹹、又澀，並且傷了味蕾，秀才從此以後失去了味覺。

鹽能使菜的味道鮮美，但如果放得太多，菜就會鹹得沒法入口，這本是一個簡單的道理，但很多人卻不懂，他們都盲目地喜歡一個「多」字，比如認為錢越多越好，卻不知錢越多，快樂就有可能減少；比如認為房子越多越好，卻不知房子的面積每增加一坪，綠地就減少一坪，而沙塵暴可能就多一次；職務越多，休閒的時間就越少；物質生活越豐富，精神世界就越空虛；欲望越多，幸福就越少。

美國著名成功學家、企業家卡內基說：「要是我們得不到我們希望的東西，最好不要讓憂慮和悔恨來煩惱我們的生活。且讓我們原諒自己，學得豁達一點。根據古希臘哲學家愛比克泰德的說法，哲學的精華就是：一個人生活上的快樂，應該來自盡可能減少對外來事物的依賴。羅馬政治學家及哲學家塞尼加也說：『如果你一直覺得不滿，那麼即使你擁有了整個世界，也會覺得傷心。』且讓我們記住，即使我們擁有整個世界，我們一天也只能吃三餐，一次也只能睡一張床，即使是一個挖水溝的工人也可如此享受，而且他們可能比富豪吃得更津津有味，睡得更安穩。」

生活禪

生活中的智者總是喜歡把財富視為身外之物，所以他們活得輕鬆，過得自在，遇事想得開，放得下。

人如果永不知足，在欲望的驅使下，人就會變得越貪婪，人生也越容易致禍。其實，我們每個人擁有的財物，無論是有形的還是無形的，沒有一樣是屬於你自己的，因為我們離開人

世時，帶不走任何東西，而你生前貪戀的那些財物，到底物歸何主，都未可知。因此，做到「身外物，不奢戀」，對淨化心靈、創造快樂是很有效的。

▋忘卻有時也是一種幸福

也許你不贊同這一觀點，但是，面對痛苦，我們最理智的選擇就是忘卻。

小倩新婚不久的丈夫在一次出差途中，遭遇車禍。等小倩趕到出事的城市時，丈夫的軀體已躺在殯儀館裡。料理完丈夫的後事不久，小倩又被查出患有乳腺癌。

朋友們得知小倩的不幸後，擔心她想不開，便決定晚上輪流到她家陪她過夜。出人意料的是，每一個上門的朋友都發現小倩並不像她們想像的那樣落寞、憔悴，相反，她把一個人的日子依舊過得有滋有味，有聲有色。

朋友們不解，問小倩，小倩依舊一臉淺淺的笑，她平靜地說：「生命是脆弱的，不能讓它承受太多痛苦的記憶，雖然記憶有時也是一種快樂，但是忘卻有時也是一種幸福。讓有快樂往事的人永遠記憶著快樂，讓有痛苦往事的人永遠忘卻痛苦，生活就會因此而豐富起來。所以，我總是把自己的記憶『格式化』，只留下美好的事情。」

生活禪

　　也許你會說：有記憶是健康的標誌，有記憶證明我們的生活是實實在在的。但是，有記憶雖然是好事，不過，要看記憶的事情能不能給我們帶來歡樂，是不是真的值得記憶。如果這記憶的往事，給我們帶來了刻骨銘心的痛，難道我們還有必要一再回味嗎？

　　當我們從記憶中抹去痛苦的、灰色的故事時，心靈間將充盈著甜蜜的快樂，這時，你不覺得忘卻也是一種幸福嗎？

■ 選擇幸福，你就幸福

　　一位經常愁苦的少婦問自己快樂的鄰居：「你為什麼這麼幸福呢？你不是也和我一樣坐公車上班，也是『房奴』一族嗎？你一定有關於創造幸福的不可思議的祕訣吧！」

　　「不，不，我只是選擇幸福而已。」鄰居樂呵呵地說。

　　在山區有一位貧困的農民，他常年住的是漆黑的窯洞，餐餐吃的是玉米、馬鈴薯，家裡最值錢的東西就是一個櫃子。可他整天無憂無慮，早上唱著山歌去務農，太陽下山又唱著山歌走回家。別人都不明白，他整天樂什麼呢？

　　「我渴了有水喝，餓了有飯吃，夏天住在窯洞裡不用電扇，冬天熱乎

乎的炕頭勝過暖氣，日子過得美極了！」農民回答說。

　　這位農民能珍惜自己所擁有的一切，從不為自己欠缺的東西而苦惱，這就是他能感受到幸福的真正原因。

　　事實上，我們絕大多數人所擁有的，比這位農民的何止多十倍，百倍？但還是被自己忽略。我們習慣於到處尋找幸福的祕訣，卻不知幸福在我們平常的日子中。如果你一味追求物質上的富有，就容易將幸福的真諦忽略。

生活禪

　　選擇「幸福」是一件很簡單的事情，只要你願意。美國林肯總統曾說：「人們如果下定決心要擁有幸福，他就會擁有幸福。」換言之，如果你選擇不幸，你就會變得不幸。

　　生活中的你，假如是不幸的，請不要責怪上蒼和周圍的環境，而應反問自己，為什麼選擇不幸？

　　選擇幸福的人，不會在意擁有多少金錢，不會在意職位的高低，不會在意住房的面積。在此，我們有必要記住先哲的一句話：「不要計算已經失去的東西，多數數現在剩下的東西。」這個極為簡單的數數法，就是選擇幸福的一種祕訣，一種智慧。

▌幸福意味著自我滿足

自給自足，自己就是一切，這就是幸福的本質。

我們無須過多重複亞里斯多德的名言：「幸福意味著自我滿足。」在商福特那措詞巧妙的話語中也出現過同樣的思想：「幸福絕非輕易獲得的東西，在別處不可能找到，只有在我們身上才能發現。」

當一個人確信自己不能依靠其他任何人時，生活的負擔和不利的處境、危險和煩惱就不僅難以計數，還不可避免。

追逐名利，飲酒狂歡，生活奢侈，所有這些都是通往幸福之路的最大障礙。它們會改變我們的生活，使我們享受到種種樂趣、歡快和愉悅，但它們同樣也是導致期望和幻想的過程，而不斷變幻的謊言將成為其不可避免的附屬物。

一位懷才不遇者去寺廟拜訪一位高僧。

「施主，」高僧問道，「你為什麼這麼愁眉苦臉呢？」

「我都四十多歲了，大師，」懷才不遇者說，「可我至今還未找到自己的位置啊！」

「你要找什麼樣的位置呢？」

「不知道。」懷才不遇者沉思了一會，又改口說道：「適合我的位置。」

「你的位置就在你自己的腳下！」高僧說完，彎腰拾起一片落在地上的梅花瓣，十指拈花微笑。

懷才不遇者頓然醒悟。自己正端然肅立在高僧的對面，頭頂是一樹怒

放的臘梅，腳底是落滿梅花的土地，這不正是自己目前所處的位置嗎？

其實，我們絕大多數人都和這位懷才不遇者一樣，總是不滿足，總是忽略了自己身邊美好的東西。比如，你雖然從事著一件平凡的工作，但你有一個和睦的家庭，家中人人健康，無災無病；你的收入雖然不高，但你懂得合理開支，因此小日子過得依然有滋有味，沒有那些富貴病的侵擾；你的孩子雖然沒有考上大學，但他卻懂得尊敬父母，懂得自尊自愛……

知足與快樂相關，因為知足後心境才能平和，待人才能謙和，微笑才能自然，雖然日子平淡如水，也能夠從中享受生命的天倫之樂。這種人生境界是整日泡在榮華富貴中，而永遠沒有滿足感的人所無法想像的。

很顯然，知足與不知足，還有一個欲望大小問題。知足的人欲望很低，或者自己不願被欲望所控制，他把欲望看作是一種可大可小，可有可無的東西，能夠實現一點就已經福分不淺，如果不實現，也毫不在意，放棄或轉換到其他方面就是了。知足的人照樣知足，照樣歡樂。

《牛津格言》中說：「如果我們僅僅想獲得幸福，那很容易實現。但如果我們希望比別人更幸福，就會感到很難實現，因為我們對於別人幸福的想像總是超過實際情形。」如果我們安心享受自己的生活，不和他人攀比，那麼，每一天就都是充實的、美好的。

生活禪

清人筆記小說中有一首〈行路歌〉：

別人騎馬我騎驢，

仔細思量總不如，

回頭再一看，

還有挑腳夫。

這首歌大意淺顯，但足以警醒世人。哲人曾說：知足常樂，又說安貧樂道。事實上也的確如此。一個容易對生活感到滿足，沒有貪婪攀比之心的人，煩惱總是最少的。因此，他的生活也就比別人更美好得多。但如果你的雙眼總是死盯著別人所擁有的東西，而忘卻了自己身邊已有的一切，那麼，你永遠也感覺不到快樂。

■ 你的煩惱不比別人多

生活中，很多人都認為自己的煩惱比別人多，因此整天抱怨命運不公平，抱怨自己沒有良好的背景，抱怨上司不賞識自己……這些人天天盼望著能和別人交換命運，一位牧羊人就是其中之一。

一直以來，澳洲草原上的這位牧羊人，總是羨慕別人的羊群比自己的數量多，別人的羊毛品質比自己的好。因此，他每天都「煩、煩、煩」地喊著，並向家裡人發脾氣，還不時向上帝祈禱，希望與別人交換命運。

上帝見此，決定幫他實現交換命運的願望。於是，上帝對他說：「你把所有的煩惱都裝進口袋裡吧，然後來到籬笆牆邊，那裡有無數袋煩惱，你喜歡哪一袋，就換那一袋。」

　　牧羊人向上帝表示過感謝後，便趕快把自己的煩惱裝進口袋，背在肩上就出發了。

　　一路上，牧羊人覺得肩上的口袋越來越沉重，他甚至覺得自己被壓彎了腰，他覺得自己已再沒有力氣前進了。但是，他太希望與別人交換命運了，因此他強撐著背著口袋跟跟蹌蹌地一步一步往前挪。

　　牧羊人邊走邊想著自己的一個遠房親戚，他不僅在城裡有別墅，還有可愛的兒女，年輕漂亮的妻子，這個親戚一定沒有煩惱。

　　牧羊人又想到牛奶廠的廠長，他看起來多麼自在逍遙啊，他不用辛苦工作，家裡僱傭了擠奶工、廚師，他的日子過得比任何人都逍遙。

　　牧羊人想到種花的老人，他過著與世無爭、超絕塵世的生活，他的那一份寧靜和從容，該是讓自己多麼羨慕啊！種花老人的煩惱一定少之又少。

　　當牧羊人來到籬笆牆時，上帝讓天使將他肩上的口袋卸下，放進一大堆裝著麻煩、苦惱、不滿、屈辱、挫折等的口袋中，而這些口袋的主人都是牧羊人所羨慕的那個階層的人。他們的主人有農場主，牛奶廠的廠長，遠房親戚，種花的老人，甚至有政府公務員、律師、企業家、歌王……

　　牧羊人看傻了眼，他喃喃道：「上帝啊！感謝你的仁慈，讓我有機會從這麼多人中挑選交換命運的對象，我太高興了！」

　　天使說：「你慢慢挑吧。只要你選出一個最喜歡的，就把它帶回家，這樣你的命運就改變了，你的煩惱就會煙消雲散。」

　　牧羊人聽後高興地開始了他的挑選工作。他花了一整天的時間，選了又選，挑了又挑，在天黑之前才選出了一個重量最輕的口袋。這個口袋的

份量實在太輕了，彷彿裡面什麼都沒有裝似的。

牧羊人開心極了。他在回家的路上想：「口袋裡的煩惱這麼少，說不定是市長的呢，或者是最有名氣的那個律師的。」

到家後，牧羊人放下口袋，迫不及待地打開一看時，幾乎哭了出來。原來，他在堆積如山的口袋裡，竟然挑出了他自己的那一袋。在一整天的挑選中，他稱了又稱，量了又量之後，原來，他的煩惱、苦悶才是最輕和最不給自己造成心理負擔的。

從這以後，牧羊人開始能以正確的態度來對待自己生活中的痛苦、憂慮、擔心了。這些原本是他極想和別人交換的，但現在，他已經能坦然地面對了。

生活禪

如同這個寓言中的主人一樣，生活中，尤其是在我們的周圍，也有很多人從外表來看，是我們心目中羨慕的對象，並希望自己能像他那樣有好運氣：像是有自己的企業，有嬌美的妻子，有聰明的兒女，有當高官的父母，有忠誠的朋友……

然而，只要我們用心去了解這些人的生活，就不難發現，在他們風光的背後，也有辛酸的淚水，也有不和諧的感情，也有遇到經濟拮据的時候……事實上，自己的煩惱往往是最少的，那我們還有什麼理由不快樂呢？

■ 不幸中隱藏著幸福的種子

幸福的種子在哪裡？這是很多人的疑問。有人認為幸福的種子藏在幸福的事情中，藏在天堂的蜜罐裡。其實不然，幸福的種子有時就埋藏在苦難、挫折、災禍中。

李兵是一家建築公司的部門經理，管理一個別墅建案的開發和銷售工作，他正處於事業發展的黃金時期。

然而，公司一次意外的決定改變他的人生方向：公司高層決定派他到哈爾濱去開發另一個專案。

接到公司的調令後，李兵心裡有一種深深的失落，因為這與他想在公司出人頭地的計畫不相符合，而且他還不得不離開家人，到外地去就任。

想不到生活給了他意外的驚喜。到了哈爾濱後，李兵發現那是一份很有價值的工作，更讓他驚喜的是，那裡有南方城市無法體驗的自然環境，他在那裡找到了自己非常喜歡的運動 —— 滑雪。於是，他的生活輕鬆自在，並且在這裡建立了很好的人際關係。

在他結束三年的任期回到總公司時，更幸運的事情發生了。和他一起滑雪的夥伴中，有一個是某著名企業的董事長。在他們的交流中，該董事長對於李兵開發的建案非常感興趣，一次就買了幾套作為公司的新辦公室，而且還主動介紹自己的熟人來買。

於是，李兵不僅開發出了一個好建案，而且還為公司的銷售做出了很大貢獻。公司高層給予李兵很高的評價，在他三十五歲的時候，就被升職為公司的副總經理。

生活禪

「塞翁失馬，焉知非福。」生活中，有些不好的現象，實際上正是出現幸福的前兆。也就是說，不幸中往往也隱藏著幸福的種子。因此，我們沒有必要害怕降臨在自己身上的不幸和意外，也不要為暫時的困境而寢食難安。

人生沒有絕對的幸，也沒有絕對的福。如果我們能改變自己的觀念和想法，就有可能得到幸福的種子，從而讓生命中的每一天都快樂，都擁有無限生機。

▋沒有不幸的人

「我再也不相信友誼了！」被朋友算計過一次的人如是說。

「我再也不相信愛情了！」被男友拋棄的女孩如是說。

「我再也不相信任何人了！」被屬下出賣公司商業機密的老闆如是說。

「我再也不相信父母了！」被父母私自偷看信件的大學生說……

在生活中遇到一次失敗的人，有時會極端地不再相信生命，不再相信生活中還有許多美好的事情，還有許多值得享受的樂趣。

很多時候，只是因為一點點不順利，人們就會認為整個世界都在和自己作對。人們的腦中好像有一種叫做憎恨的細菌，只要吸收到了一些腐敗

的養分，它就會無限制地分裂繁殖，急於否定一切，讓自己身陷於絕望的包圍。

樂觀的人當然也明白，人生不如意事十之八九，再怎麼努力，人們總是殊途同歸，什麼也帶不走；但也會明白，如果能精力充沛地生活，為什麼一定要坐在陰暗的牆角，悲嘆自己的命運，而且還連帶影響別人活下去的心情。

伊莉莎白‧庫伯勒醫師，一生都在幫助臨終的病患者，也使得「安寧醫護」受到今日的醫界重視，讓人們在生老病死的循環中都能夠擁有尊嚴。晚年，她更執行收養愛滋病嬰兒的計畫。

為世界做了如此多的伊莉莎白‧庫伯勒醫師，卻沒有得到應有的對待與回報：其他醫師們排擠她；她因過度熱心服務而賠掉了自己的婚姻、健康；附近的居民甚至一把火燒了她的房子，以防止她繼續做「危險的善事」。

伊莉莎白‧庫伯勒醫師當然也詛咒過這個世界的無知與無情，灰心到了極點，但她總是選擇繼續勇敢地走下去，沒有因為少數不義者而怨天尤人，更沒有放棄自己追求的目標。

生活禪

只要仔細觀察就不難發現：我們周圍那些抱怨最多的人，往往也是對別人挑剔最多的人。在這個世界上，幾乎沒有人因為抱怨命運而感到發自內心的快樂。因此，與其選擇讓自己失望，不如讓自己往好處想。

「沒有不幸的人，只有不幸的思想。」當你決心做一個快樂的人時，你就能享受到生活的樂趣。

▍從最近的地方尋找快樂

同學聚會時，不知是誰提出將來要去西藏走一走的想法，這勾起了他們對未來生活的興趣，高談闊論的場景立刻展現。

「我想去桂林，這是我一直嚮往的地方。」阿斌說，「我要去阿爾卑斯山滑雪，去羅浮宮看畫，去維也納聽音樂，最好都能實現，或者，實現一個也行。」阿斌在大談他的宏偉想像。

大家都附和著他的夢想，想像著自己未來的規畫。

坐在一旁一直沉默不語的張志偉說：「我的心願可沒你們那麼複雜，我希望明年這時候我們大家還能坐在一起，一起來吃這便當。就行。」

「這算什麼心願呀！身邊的事，隨時都可以實現。」大家對他的想法進行批判，簡直太沒有意思了。

「這簡直俗的掉渣了，老土！」不知是誰冒出一句話，引來大家的一片笑聲。

「對呀，我要的就是這種身邊的俗事，隨時都能得到，不像你們，像星空一樣遙遠。」

其實，這句話有很深的寓意，身邊的俗事，我們可以觸摸到的，或許這讓我們該好好規劃一下自己的想法，我們的心過於嚮往那些遙不可及的良辰美景，而對身邊垂手可得的風景卻視而不見，也正因為如此，我們才會對身邊的生活生出種種的不滿，沒有塞納河畔的歌聲、沒有香榭大道的浪漫、沒有凱旋門的壯觀……如果這樣順著找下去，一定還會找出許多個「沒有」。

正因為總是「沒有」，所以我們也總是不快樂。

生活禪

我們總是錯誤地認為，精緻的生活只有在遠方才能尋找到，直到發現自己身邊熟悉的風景就是別人眼裡遙遠的陌生，我們才發現自己錯過了什麼。人總是嚮往自己沒有的，而不珍惜已經擁有的。因此，我們往往輕視身邊的快樂，而總是要等到別人說：「哦，你身邊的風景太美了」之類的話時，才發現自己雖被快樂包圍，卻沒有去享受它，這不能不說是一種遺憾。

如果你不曾感覺到快樂過，那麼就從最近的地方開始尋找吧。

■快樂比美麗重要

在這個世界上，我們幾乎找不到一個不愛美的人。無論是三歲、三十歲；六歲、六十歲；九歲、還是九十歲，美是人們最常追求、最最渴望保持的東西之一。然而，上帝造人時，並沒有把所有女人都造得漂亮，儀態萬千，也沒有使所有的男人都瀟灑，風度翩翩。在芸芸眾生中，普通的甚至是醜陋的人，還是大有人在。但是，即使你長相平凡，甚至醜陋，也不能因此而痛苦，因為生活中往往還有更重要的東西，比如快樂。

癩蛤蟆常因自己醜陋的外表而痛苦不堪。於是，癩蛤蟆不停地向神禱告，乞求神賜給牠一副美麗的外表。

神出現了，對牠說：「既然你如此不滿意自己的外表，那你就與美神維納斯換一下身分吧。」

癩蛤蟆高興地與美神互換了身分。可沒過幾天，牠又開始禱告神，乞求神幫助牠換回原來的身分。

「為什麼？你不是希望自己漂亮美麗嗎？你現在的身分是美神啊！你還有什麼不滿足嗎？」神驚訝地問。

「的確，我現在雖然貴為美神，每天享受著世人的敬仰和崇拜，但是，我為了美麗而無法忍受斷臂之苦、和當人偶像後的那份高高在上的寂寞，相比這種痛苦而言，我以前的那些根本算不了什麼！」

然而，出人意料的是，已變成癩蛤蟆的美神維納斯，說什麼再也不願意恢復以前的身分了。她說：「我現在雖然有醜陋不堪的外表，但是，我自由，我快樂，快樂對我而言，比什麼都重要！」

生活禪

愛美之心人皆有之，但若像癩蛤蟆那樣，為了美麗而犧牲了自由與快樂，則是做了一大筆虧本的生意！

的確，快樂比什麼都重要！擁有了快樂，你便擁有了每天的好心情，便擁有了幸福；而美麗的外表，雖然能吸引他人的目光，並獲得一些讚美，但有時也會為自己帶來痛苦 —— 如維納斯的斷臂之痛和寂寞。

你要珍惜上天賜給你的一切，不要盲目羨慕他人，尤其是美貌。外表是給別人看的，無所謂美與醜，而心靈是屬於自己的。所以，心靈的快樂，比什麼都重要！

▌享受快樂而不沉溺其中

自己的思維要自我控制，自己的行為要自我規範，自己的語言要自我檢查，要知道，任何失控的行為是危險的。然而，很多人還是沒有記住這個簡單的道理。他們不知道自我控制，而這樣的後果，常常因為過於貪婪而失去更多。比如，過於追逐金錢，結果成為了金錢的奴隸；過度追求外表的美麗，結果成了虛榮的僕人；過度追求快樂，卻在快樂裡迷失了自己。

一次，杜兵在完成了上司交給的一項重要任務後，為了放鬆一下情緒，享受一下快樂，便來到一家遊戲場裡，玩起了遊戲。

在遊戲廳裡，在與玩家的「捕殺」、「鬥智」的過程中，杜兵暫時忘了工作上的煩惱和壓力，它發現遊戲場的那些「鐵傢伙」，還真能給自己帶來一時的快樂。

於是，杜兵便隔三差五地來遊戲場，有時甚至連上司交代的任務未完成就偷偷跑了，後來乾脆整日泡在遊戲場裡。由於長時間的玩遊戲，杜兵除了感到一點刺激之外，也沒有了原先的快樂了。

後來，杜兵由於多次玩遊戲，嚴重影響了工作，被上司發現後，受到了上司的嚴懲。

生活禪

凡事皆有度，享受快樂也如此。在工作的重壓之下，去暫時放鬆情緒，享受一下快樂，原本是一件無可厚非的事情。但如果你把暫時的放鬆當成了長久的放縱，那麼便會像杜兵一樣，其結局是再也品嘗不到快樂。

其實，生活的格調靠自己去把握。只有發自內心的愉悅，才是實實在在和長久的快樂。

在為自己創造快樂的同時，還要懂得享受快樂，但享受快樂不是沉溺於快樂。如果你把快樂當成了一種占有、一種貪婪而不顧一切時，那麼，事實恰恰相反 —— 快樂會與你無緣。

■把更多的安慰給自己

一天，一位男人遇上了車禍，他失去了一條腿。當朋友們來看望他時，都為他失去了一條腿而難過時，男人卻笑了。

「你難道還有心情笑嗎？」朋友們都以為他精神不正常了。

「當然。當我醒後得知自己只失去了一條腿時，我就安慰自己說『沒什麼，你只是失去了一條腿，而不是整個生命。』。所以，我現在有足夠的理由笑啊！」

過了一段日子，那位男人接到了資遣通知書，因為少了一條腿，他已無法勝任原先的崗位。

朋友們知道後，準備了一大堆安慰他的理由，準備在看望他時，好好安慰他一番。然而，令朋友們驚訝地是：當他們見到那位男人時，他正平靜地坐在輪椅上，把資遣通知書折疊成了一架紙飛機，正在把它拋向天空。當他看到紙飛機隨著風兒徐徐上升時，竟開心得像個小孩子似的大笑起來。

「你不難過，那可是資遣通知書啊！」朋友們問。

「既然被辭退已成事實，我與其難過，還不如想『幸好只是失去了工作，但我並沒有失去再就業的勇氣啊！』。所以，我沒有理由難過！」

後來，男人的妻子因男人殘疾了，加之失業，家裡的日子越來越困難了，便在一個月黑風高之夜，卷走了家中值錢的東西，和一個別人私奔了。

朋友們知道後，都為他擔心，以為男人經過這次打擊，肯定會消沉

的，便都趕過去看望他。當朋友們見到男人時，他正坐在空蕩蕩的家中，邊哼著小曲，邊擦洗著那條還未完全痊癒的傷腿。

「你是不是真的瘋了？還有心情唱歌？」朋友們向他喊道。

「為什麼不唱？她只是背叛了我一個人，而不是背叛了整個國家。所以，我沒理由不高興，不歌唱！」

生活禪

一些人在讀了上面這個故事後，便會認為這位男人很愚蠢，因為他在毀滅性的打擊面前，還能安慰自己，給自己一份好心情，事實上，這位男人是生活中的強者、智者！

很多時候，你是不是總是忙著安慰他人，卻忘了自己更需要安慰？當你在關注他人的同時，也不妨常給自己一把鮮花，一份關心，一份安慰與一份擁抱，這樣就能把自己從低潮中解救出來，何樂而不為呢？

■懂得苦中求樂

生活中，哲人留下的那句「禍福相依」最能說明痛苦與快樂的辯證關係。貝多芬「用淚水播種歡樂」的人生體驗，生動形象地道出了痛苦的正面作用；傳奇人物艾科卡的經歷，更傳神地闡明了快樂與痛苦的內在關聯。

　　艾科卡靠自己的奮鬥終於當上了福特公司的總經理。一九七八年七月十三日，為福特立下汗馬功勞的艾科卡被妒火中燒的大老闆亨利‧福特開除了。在福特工作已三十二年，當了八年總經理，一帆風順的艾科卡突然間失業了。艾科卡痛不欲生，他開始喝酒，對自己失去了信心，認為自己要徹底崩潰了。

　　就在這時，艾科卡接受了一個新挑戰 —— 應聘到瀕臨破產的克萊斯勒汽車公司出任總經理。憑著他的智慧、膽識和魅力，艾科卡大刀闊斧地對克萊斯勒進行了整頓、改革，並向政府求援，舌戰國會議員，取得了巨額貸款，重振企業雄風。在艾科卡的領導下，克萊斯勒公司在最黑暗的日子裡推出了 K 型車的計畫，此計畫的成功令克萊斯勒起死回生，在美國成為僅次於通用汽車公司、福特汽車公司的第三大汽車公司。

　　一九八三年七月十三日，艾科卡把生平僅有的面額高達八億美元的支票交到銀行代表手裡，至此，克萊斯勒還清了所有債務，而恰恰是五年前的這一天，亨利‧福特開除了他。

　　事後，艾科卡深有感觸地說：奮力向前，哪怕時運不濟；永不絕望，哪怕天崩地裂。

生活禪

　　法國著名的作家羅曼‧羅蘭說：「痛苦像一把犁，它一面犁破了你的心，一面掘開了生命的新起源。」古人講「不知生，焉知死？」不知苦痛，怎能體會到快樂？痛苦就像一枚青青的橄欖，品嘗後才知其甘甜，這品嘗需要勇氣！其實，要讓自己快樂非常簡單，那就是少一份欲望，多一份自信，在身處絕境時，懂得苦中求樂，才是人生的真諦。

■輸什麼也不能輸心情

我們都願意與幸福、快樂為伴，而不願意與痛苦、煩惱為伍。但是，生活中畢竟有苦也有甜，也就是說生活是錯綜複雜、千變萬化的，並且經常發生禍不單行的事。頻繁而持久地處於掃興、生氣、苦悶和悲哀之中的人必然會給健康帶來災難。那麼，遇到心情不快時，就應採取積極的態度去對待。

例如，換一個環境，出去轉轉或聽聽音樂，是改善心情再恰當不過的好辦法。

一個人如果有一兩種愛好，可以讓你的生活變得更加豐富多彩，富有生機。除了少數執著追求自己本職事業者外，許多人能培養自己的業餘愛好。集郵、打球、玩牌、跳舞等都能使業餘生活豐富多彩。每遇到心情不快時，完全可一頭栽到自己的愛好之中。

飼養貓、狗、鳥、魚等小動物及栽植花、草、果、菜等，有時能排遣煩惱，遇到不如意的事時，主動與小動物親近，小動物憑與主人感情的基礎，會逗主人歡樂，與小動物玩耍更可使你體會到意想不到的快樂。摘摘變黃的花葉，澆澆菜或坐在葡萄架下品嘗水果都可有效地改善低落的心境。

有了苦悶應學會向人傾訴。首先可以向朋友傾訴，這就需要先學會廣交朋友、如果經常防範別人的「侵害」而不交朋友，也就無愉快可談。有一句話是這樣說的，「朋友多了路好走」，如果沒有朋友的話，不僅遇到難事無人相助，也無法找到可一吐為快的對象，能把心中的苦楚和盤托出給知心人並能得到安慰的人，心胸自然會變得寬廣：即使面對一般的朋友，

學會把心中的委屈傾訴給他，心中也常能感到輕鬆許多。

對於長期心情不暢、無法自拔者，可進行心理治療和藥物治療。長期心情不快可能由隱匿性憂鬱症所引起，或由其他較輕微的障礙所引起，其共同特徵是體內一種叫做血清素的神經傳遞質減少，引起情緒低落，透過服用一些能升高體內血清素的抗憂鬱藥，都可有效地調整不良的情緒。

生活禪

好心情才能有好命運，好心情會使我們收穫更多的人生樂趣。

生活中，那些多奉獻少索取的人，總是心胸坦蕩，笑口常開。整天與別人計較薪水、獎金、收入的人心理怎麼會平衡？只有聽之任之，給多少也不在意的人心情才比較穩定。至於對於別人能廣施仁慈之心，包括當素不相識的路人遭遇困難時，也能慷慨解囊、毫不吝嗇的那些人更能體會到別人體會不到的快樂。

■付出也是一種快樂

付出也是一種快樂，這是一個很淺顯的道理，可惜很多人並不懂，他們以為擁有越多，幸福越多。事實上，在物質方面，給予意味著自己的富

有。不是一個人有很多他才算富有，而是他給予人很多才算富有。總是擔心喪失什麼東西的儲藏者，如果撇開他物質財富的多少不談，從心理學角度來說，他是一個貧窮的人。不管是誰，只要他能慷慨地給予，他就是一個富有的人。他把自己的一切給予別人，從而體驗到自己生活的意義和樂趣。只有那種連最低生活需求也滿足不了的人，才很難從給予的行動中得到樂趣。

一個婦人坐在一堆金銀財寶上，但令人不解的是，她還是伸出雙手，向過路的人們乞討著什麼。

神朝婦人的方向走了過去，婦人也向他伸出了雙手。

「你已擁有如此多的金銀財寶，還不滿足？」神問。

「是的。雖然我擁有如此多的金銀財寶，但我沒有絲毫的滿足感，我還想有更多的錢財、榮譽、成功、愛情。」婦人回答說。

神從口袋裡掏出了婦人所需要的榮譽、成功、愛情，一併送給了她。

兩個月後，神又從這裡經過時，看到婦人仍坐在那堆金銀財寶上，向路人伸出雙手。

「你所求之物都已經有了，難道你還不滿足嗎？」神問。

「是的。雖然我得到了那麼多東西，但我還是不滿足，我還需要快樂！」婦人說。

「你如果真的想獲得快樂，那麼請你從現在開始付出吧。」神說。

半年後，神又從這裡經過，只見那婦人站在路邊，她身邊的金銀財寶已經不多了，她正把它們施捨給路人。

婦人把金錢給了衣食無著的窮人，把榮譽和成功給了失敗者，把愛情

給了失戀的人，最後，婦人自己一無所有。但婦人看著人們接過她所施捨的東西，滿懷感激而去時，她笑了。

「你現在快樂了嗎？」神問。

「是的，我現在很快樂。原先我一味乞討，得到這個，又想得到那個，貪心使我不知道什麼叫快樂，但我現在知道了。快樂就在我向別人付出時，他們向我投來感激的目光中。」婦人回答說。

生活禪

當你與別人分享你的喜悅時，你並沒有幫任何人創造出一個監獄，你只是給予，你甚至不期望對方的感情，因為你的給予並不是想要得到任何東西，甚至連感激都不想得到。你之所以給予是因為你太富有了，所似你必須將它給出去。

所以如果有人感謝，你也會感謝那個人，因為他接受了你的愛，他接受了你的禮物，他幫助你卸下你的重擔，他允許你將愛的禮物灑落在他的身上。

你分享越多，給予越多，你就擁有越多，這樣它才不會使你成為一個吝嗇的人，才不會使你創造出一個新的恐懼說：「我或許會失去它。」事實上，當你失去越多，就會有更多新鮮的水從那個你從來不知道的泉源流出來。

第四章
每天都是好日子

　　著名作家池莉說：「好日子不僅僅是物質的，更是精神的。好日子是皮囊，能夠人為地填充靈魂。這靈魂哪裡來？讀書得來，智慧得來；安靜中得來，愛意中得來，鬆弛中得來；不煩躁的時候得來，不虛榮的時候得來，不貪婪的時候得來；懂得珍惜時間的時候得來，懂得珍重他人的時候得來，懂得維護健康的時候得來。」只要你心靈充實，每天都是好日子！

▊ 每天都是好日子

都說窮日子難過：沒有錢供孩子上學，沒有錢去旅遊，沒有錢買車，沒有錢買別墅；沒有好的人際關係，沒有賢慧的妻子，沒有有權有勢的父母⋯⋯

但是，也有人在擁有這一切後，還是覺得日子難過。就像下面這個故事中的商人。

一天，這位商人來到城裡最具智慧的那位老人面前，說：「先生，我希望您能為我指點迷津。雖然我很富有，但這個城市的人都對我橫眉冷對。生活真像一場充滿爾虞我詐的廝殺，我什麼時候才能過上好日子呢？」

「那你就停止廝殺呀，這樣好日子就來了！」智者回答他。

商人對這樣的告誡感到無所適從，他帶著失望離開了智者。

在接下來的幾個月裡，商人的情緒變得糟糕透了，他與身邊每一個人爭吵謾罵，由此結下了不少仇家。一年以後，他變得心力交瘁，再也無力與人一爭長短了。

「唉，先生，現在我不想跟人家鬥了。但是，生活還是如此沉重 —— 它真是一副重重的擔子呀，我什麼時候才能過上好日子呢？」

「那你就把擔子卸掉，這樣好日子就來了！」智者回答。

商人對這樣的回答很氣憤，怒氣沖沖地走了。

在接下來的一年當中，他的生意遭遇了挫折，並最終喪失了所有的財富。妻子帶著孩子離他而去，他變得一貧如洗，孤立無援。

於是，他再一次向這位智者討教。

「先生，我現在已經兩手空空，一無所有，生活裡只剩下了悲傷。」

「那就不要悲傷，好日子就來了！」

商人似乎已經預料到會有這樣的回答。這一次，他既沒有失望也沒有生氣，而是選擇待在智者居住的那個城市生活。

有一天，商人突然悲從中來，傷心地嚎啕大哭了起來 —— 幾天，幾個星期，乃至幾個月地流淚。

最後，商人的眼淚哭乾了。他抬起頭，早晨和煦的陽光正普照著大地。

於是，商人又來到了智者那裡。

「先生，生活到底是什麼呢？好日子怎樣才能得到？」

智者抬頭看了看天，微笑著回答道：「一覺醒來又是新的一天，你沒看見那每日都照常升起的太陽嗎？這就是好日子啊！」

生活禪

　　原來，過上好日子是如此簡單！正如著名作家池莉所言：「好日子不僅僅是物質的，更是精神的。好日子是皮囊，能夠人為地填充靈魂。這靈魂哪裡來？讀書得來，智慧得來；安靜中得來，愛意中得來，鬆弛中得來；不煩躁的時候得來，不虛榮的時候得來，不貪婪的時候得來；懂得珍惜時間的時候得來，懂得珍重他人的時候得來，懂得維護健康的時候得來。」

　　只要你心靈充實，每天都是好日子！

▊美麗地活著

　　人生苦短，生命只有一次，是熱情澎湃地活著，還是在擔心、煩惱之中度日子呢？答案當然是前者。雖然上蒼不會永遠賜予我們陽光、鮮花、美酒，但我們也沒有理由不好好度過每一天。只有珍惜生命中的每一秒，美麗、快樂地活著，我們的人生才不算虛度。

　　一位老音樂家被下放到農村，負責為馬廄添加飼料。就這樣，老音樂家為牲口鍘草，一鍘就是五年。可等他回來，人們發現他依然精神飽滿，沒有憔悴之感。

　　有人覺得很奇怪，並詢問他原因。

　　老音樂家笑著說：「怎麼會呢？日子很好過啊！心裡有音樂，到哪裡都有音樂，每天鍘草，我都是打著拍來鍘的。」

　　生活中，像老音樂家這樣不管在什麼情況下都美麗地活著的人還大有人在。

　　一位十四五歲的少年，他的家在一棟十層樓建築的頂樓，每天放學，他都爬樓梯回家。每上一層樓，他都不停地變換著步法：或是一蹦一蹦地上臺階，或是三步併作兩步向上跑，或是背轉身體向前探步……

　　毫無疑問，無論是老音樂家還是少年，都是一個很會生活的人，很會善待自己的人，他們活得美麗而充實。

生活禪

在地球上的萬物中，人類的生命並不算太長，到了一定時候，每個人都無法與自然抗衡，也無法阻擋身體機能的衰老。因此，很多人從懂事到生命結束，都生活在灰暗的日子裡，他們活得累，活得委屈，活得沒有色彩。而造成這一切的根源，是他們自己沒有改變心態，好好地活著。

其實，生命中那些無休止的痛苦，那些偶爾得之的歡樂，還有平淡、憂傷等等，這些都是人生優美的樂章。沒有痛苦，怎能體會到快樂？沒有平淡，哪裡有輝煌？美麗地活著，痛苦中也就孕育著希望和快樂。

▌稀釋不幸

生活的天空不會永遠晴空萬里。因此，便有人抱怨雨天、陰天，見不到陽光的日子難受、難熬。其實，偶爾的抱怨無可厚非，如果一味抱怨，則會破壞自己的心情，也讓周圍的人跟著厭煩。

古時候，有一位哲學家見學生不停地抱怨這抱怨那，便決定改變他的生活態度。

於是，有一天早上，他派學生去取一些鹽回來。

當學生很不情願地把鹽取回來後，哲學家讓學生把鹽倒進水杯裡喝下

去，然後問他味道如何。

學生吐了出來，說：「很鹹！」

哲學家笑著讓學生帶著一些鹽和自己一起去湖邊。

他們一路上沒有說話。

來到湖邊後，哲學家讓學生把鹽撒進湖水裡，然後對學生說：「現在你喝點湖水。」

學生喝了口湖水。

哲學家問：「有什麼味道？」

學生回答：「很清涼。」

哲學家問：「嘗到鹹味了嗎？」

學生說：「沒有。」

然後，哲學家坐在這個總愛怨天尤人的學生身邊，意味深長地說：「人生的痛苦如同這些鹽，有一定數量，既不會多也不會少。我們承受痛苦的容積的大小決定痛苦的程度。所以當你感到痛苦的時候，就把你的承受的容積放大些，不是一杯水，而是一個湖。」

生活禪

　　生活中，你是不是也常像這位徒弟一樣，有痛苦，有抱怨？雖然痛苦像長在我們身上的痣一樣，很難以除掉，但是，我們卻可以稀釋它，這樣，痛苦的程度就會隨之減輕，減弱。

> 因此，當痛苦如惡魔一般附在我們身上時，如果甩不掉它，就想辦法淡忘它、忽略它、藐視它；如果不能這樣做，痛苦就會擊垮你。

▌人生就是得而復失的過程

俄國一位詩人曾在一首詩中寫道：「一切都是暫時，一切都會消逝；讓失去的變得可愛。」瑪里‧居禮的一次「幸運失去」就是最好的說明。

一八八三年，天真爛漫的瑪里中學畢業後，因家境貧寒沒有錢去巴黎上大學，只好到一個鄉紳家裡去當家庭教師。瑪麗亞與鄉紳的大兒子凱西密爾相愛，在他們計劃結婚時，卻遭到凱西密爾父母的反對。這兩位老人深知瑪麗亞生性聰明，品德端正。但是，貧窮的女教師怎麼能與自己家庭的錢財和身分相匹配？父親大發雷霆，母親幾乎暈了過去，凱西密爾屈從了父母的意志。

失戀的痛苦折磨著瑪麗亞，她曾有過向塵世告別的念頭。瑪麗亞畢竟不是平凡的，她除了個人的愛戀，還愛科學和自己的親人。於是，瑪麗亞放下情緣，刻苦自學，並幫助當地貧苦農民的孩子學習。

幾年後，瑪麗亞又與凱西密爾進行了最後一次談話，凱西密爾還是那樣優柔寡斷，她終於砍斷了這根愛戀的繩索，去巴黎求學。

這一次「幸運的失戀」，就是一次失去。如果沒有這次失去，瑪麗亞

的歷史將會是另一種寫法，世界上就會少了一位偉大的科學家。

　　學會習慣於失去，往往能從失去中獲得。得其精髓者，人生則少有挫折，多有收穫。人會從幼稚走向成熟，從貪婪走向博大。因為我們的整個人生，就是一個不斷地得而復失的過程。

生活禪

　　人赤裸裸地來到這個世界，又手握空拳地離去。人的一生不可能永久地擁有什麼，人獲得生命後，先是童年，接著是青年、壯年、老年。然而這一切又都在不斷地失去，在你得到什麼的同時，你其實也在失去。所以說人生獲得的本身就是一種失去。人生在世，有得有失，有盈有虧。

　　有人說得好，你得到了名人的聲譽或高貴的權力，同時就失去了做普通人的自由；你得到了巨額財產，同時就失去了淡泊清貧的歡愉；你得到了事業成功的滿足，同時就失去了眼前奮鬥的目標。我們每個人如果認真地思考一下自己的得與失，就會發現，在得到的過程中也確實不同程度地經歷了失去。

　　整個人生就是一個不斷地得而復失的過程。一個不懂得什麼時候該失去什麼的人，就是愚蠢的可悲的人。

■恰到好處的是一半

有這樣一個故事：

一天，在一個熱鬧的集市上，突然來了一個半痴不顛的神，他走著半
緊不慢的步調，唱著一支半清不楚的歌：

> 來往的行人聽我說，
> 聽我唱支〈半字歌〉。
> 半痴不顛鄙人的名，
> 半醉半醒地把話說。
> 半開的花兒最誘人，
> 半遮的面龐嫵媚多。
> 半山半水才是田園，
> 半俗半雅才是生活。
> 半新半舊的是衣裳，
> 半朴半賢的是老婆。
> 半佛半仙才叫心情，
> 半隱半顯才叫姓名。
> 飲酒半酣才是正好，
> 吃飯半飽才能長生。
> 半鬆半緊地束自己，
> 半愚半痴地待親朋。
> 半明半暗的是宇宙，
> 半苦半樂的是人生。

有聽眾忙去請教智者。

「那半痴不癲、半醉半醒的人唱的歌，於人生全部有用嗎？」

「一半的時候有用，一半的時候無用。」智者回答說。

生活禪

世間萬物，盈則虧，滿則損，凡事有個「度」。恰到好處的是一半。萬事萬物沒有絕對的圓圓滿滿，你也千萬不要去追求什麼圓滿，否則，懊惱的是你，後悔的是你，失意的是你，痛苦的還是你。

有位哲人曾說：「人生好比是一場球賽，最好的球員也有失分的時候，最差的球隊也有輝煌的一天。」因此，只要坦然地面對現實的不如意，並以良好的心態去接受不完整的人生時，一個人的生命才會因此而更加豐盈、飽滿，更富有意義。

■過自給自足的生活

在北美洲西北角有一個島嶼，東面是加拿大，西面是白令海峽，南北分別是浩瀚的太平洋和寒冷的北冰洋。因為這個島嶼布滿了森林，所以吸引了大量的鳥類來此居住，其中被土著人稱為「慈悲鳥」的鳥類數量最多。之所以稱牠們為慈悲鳥，是因為牠們在撫養幼鳥時，只要聽到發出和

幼鳥相同的「餓啊餓啊」的叫聲，成年的慈悲鳥便會將口裡的食物向叫聲
方向投去。叫聲越大越頻繁，牠們捕食便越勤。慈悲鳥不停工作的原因，
是因為牠們擁有一顆慈悲的心。

生活在那裡的一部分土著人，很快打起了慈悲鳥的主意，他們利用慈
悲鳥的慈悲心，過上了衣食無憂的日子。這些人學著幼鳥的叫聲，整天坐
在一塊地毯旁邊，不停地叫著「餓啊餓啊」，於是便有無數的慈悲鳥飛來
投擲食物。等地毯上堆滿了魚蝦和蛤蜊，他們便滿意地打包回家了。這
些人將一部分食物拿去換錢，一部分留下自己吃，很快便過上了富裕的
生活。

但是，並非所有的人都會坐在那裡等待慈悲鳥投擲食物，絕大部分人
不屑於那樣做，而是堅持親自下海捕魚來養活家人。他們認為哪怕是辛苦
些，用自己的雙手創造生活，日子過得會很坦然。還有一部分人，他們認
為：學幼鳥的叫聲來欺騙慈悲鳥是不道德的，而且慈悲鳥因為整天要照顧
喊餓的人，來不及照顧幼鳥，致使許多幼鳥餓死了。為了不讓慈悲鳥滅
絕，他們便用自己捕來的食物餵養幼鳥。

後來，島上漸漸形成了三類人：第一類人專靠慈悲鳥施捨生活；第二
類人為自給自足型；第三類人不但自給自足，還要餵鳥，擔當起保護慈悲
鳥的重任。

令人意想不到的是，突然有一天，一場大火毀掉了島上的森林，慈悲
鳥被迫遷走了，從此很多人的生活便亂了套：第一類人因為習慣了慈悲鳥
的施捨，他們除了會喊餓外，再也不會做別的事情，於是便跑到大街上繼
續喊餓；第三類人因為習慣了給幼鳥提供食物，而島上的慈悲鳥已遷走，
沒有幼鳥餵養，於是他們便將慈悲心給了那些在大街上喊餓的人；第二類

人依然過著自給自足的生活。

這個島便是今天美國的阿拉斯加州。

生活禪

在這個世界上，並不是只有阿拉斯加州的人分為三類，絕大多數人都屬於其中之一。他們或自給自足，過著舒心的日子；或像慈悲鳥一樣慈悲為懷，在努力工作的同時，還接濟別人；或象阿拉斯加的乞丐一樣，不管是否身強力壯，一律不願勞動，乞討為生。

問問自己，你是哪一種人？有什麼樣的人生觀，就有什麼樣的人生結局。如果不想讓自己成為靠慈悲鳥養活的人，你就要向第三種人學習，或是努力做第二種人。

▌自我尊重

這是一個真實的故事：

熱鬧的街頭，一個衣衫襤褸的少年正在沿街而行，他的腳步很沉重，甚至可以說是踉踉蹌蹌，他的雙眼不停地掃著一家家餐廳，眼裡隱約有股渴望的神情。

顯然，這少年又渴又餓，但他身無分文。

這時，一位餐廳女老闆對他喊道：「喂，我這裡有碗湯，給你喝吧。」只要智力稍微正常的人，都能聽出她聲音裡的嘲諷。

「謝謝，不用了！」少年輕聲地說，又艱難地前行。

又到了一家餐廳門口，一位中年男人對少年說：「孩子，我是這家餐廳的老闆，今天餐廳的生意好極了，我缺一個洗碗的幫手，你能來幫我把那盆碗洗乾淨嗎？當然，洗完後你的報酬是兩碗米飯，一碗湯，行嗎？」

「好的。謝謝你！」少年欣然同意了。

這時，有人不解地問少年：「你已經很餓了，為什麼要選擇吃這家餐廳的飯呢？」

「因為我不是白吃！這是我勞動所得，這不會損失我的尊嚴。」少年坦然地說。

生活禪

生活中的陷阱和深淵中，最可怕的就是自己不尊重自己，這種毛病又是最難克服的。因為它是由我們自己親手設計和挖掘的深淵。「尊重」這個詞意味著對價值的欣賞。欣賞你自己的價值並不等於自我中心主義，因為人們需要自我尊重。

自我尊重的最大祕密是：開始多欣賞別人，對任何人都要有所尊敬，你和別人打交道時要留心考慮，訓練自己把別人當作有價值的人來對待，這樣，你會驚奇地發現，你的自尊心也加強了。因為真正的自尊並不產生於你所成就的大業，你所擁有的財富，你所得到的榮譽，而是對你自己的欣賞。

■安心做自己

上帝經常聽到塵世間萬物抱怨自己命運不公的聲音，於是就問眾生：「如果讓你們再活一次，你們將如何選擇？」

牛說：「假如讓我再活一次，我願做一隻豬。我吃的是草，擠的是奶，做的是力氣活，有誰給我評過功，發過獎？做豬多快活，吃飽睡，睡飽吃，肥頭大耳，生活似神仙。」

豬說：「假如讓我再活一次，我要當一頭牛。生活雖然苦了點，但名聲好。我們似乎是傻瓜懶蛋的象徵，連罵人也都要說『蠢豬』。」

鼠說：「假如讓我再活一次，我要做一隻貓。吃皇糧，拿官餉，從生到死由主人供養，時不時還有我們的同類給他送魚送蝦，很自在。」

貓說：「假如讓我再活一次，我要做一隻鼠。我偷吃主人一條魚，會被主人打個半死。老鼠呢，可以在廚房翻箱倒櫃，大吃大喝，人們對牠也無可奈何。」

鷹說：「假如讓我再活一次，我願做一隻雞，渴有水，餓有米，住有房，還受主人保護。我們呢，一年四季漂泊在外，風吹雨淋，還要時刻提防冷槍暗箭，活得多累呀！」

雞說：「假如讓我再活一次，我願做一隻鷹，可以翱翔天空，任意捕兔捉雞。而我們除了生蛋、晨鳴外，每天還膽顫心驚，怕被捉被宰，惶惶不可終日。」

女人說：「假如讓我再活一次，一定要做個男人，經常出入酒吧、餐館、舞廳，不做家事，還擺大男子主義，多瀟灑！」

男人說：「假如讓我再活一次，我要做一個女人，上電視、登報紙、拍廣告，多風光。即使是不學無術，只要長得漂亮，一句嗲聲嗲氣的撒嬌，一個朦朧的眼神，都能讓那些正襟危坐的大老闆們神魂顛倒。」

上帝聽後，大笑起來，說道：「一派胡言，一切照舊！還是做你們自己吧！」

生活禪

人們總渴望獲得那些本不屬於自己的東西，而對自己所擁有的不加以珍惜。其實，每一個生命的個體之所以存在於這個世界上，自有它存在的意義；每一個人所得的上帝一樣不會少給，不該得的，絕不會多給。因此，安心做自己的人，才是智慧的人。

如果總是把目光盯在別人身上，就會在失去做自己的同時，也失去了做人的快樂。

■對人生充滿熱情

傑威太太和鐘斯太太是兩名家庭主婦。由於不用上班，做家事便成了她們的唯一工作。但傑威太太把家事看成是自己的累贅，並認為那是世界上最單調、最乏味、最痛苦的工作，她甚至認為，如果有可能的話，她寧

願少活幾年來換取免做一切家事，因為她厭惡、憎恨做家事。因此，只要有可能，她便會拖延或者是乾脆省掉那些令人討厭的家庭勞動，只被迫做一些不得不做的事，即使這樣，工作的效果也是非常的糟糕，她家裡經常髒兮兮的，沙發上堆滿了需要換洗的髒衣服、髒毛巾；廚房的水池裡是浸泡了好幾天的碗……總之，她家裡毫無舒適的感覺，用他先生的話說：「一片狼藉！」

鐘斯太太則截然不同，她對自己的工作充滿熱情，甚至認為做家事是一種輕鬆、愜意的事情，因此，無論做什麼，她都覺得是一種享受。當她洗碗，看見自來水從水龍頭流出時，她就把自來水想像成一股山泉，正在咚咚地流淌；當她擦地板時，她彷彿看到兒子放學回家後，坐在乾淨、光潔的地板上，正在玩自己心愛的玩具小火車；當她整理床單時，她彷彿看到先生晚上臨睡前，總習慣半躺在舒適的床上，為她朗誦普希金的詩，那是多麼溫馨和浪漫啊！就連擺放一些小裝飾品時，她臉上都充滿了笑容，內心裡一片愉快。因此，她家裡的房間都收拾得十分乾淨，給人一種溫暖、舒適的感覺。

顯然，鐘斯太太始終以最佳的方式活在熱情中。

生活禪

熱情對我們每個人都很重要。因為一個充滿熱情的人，永遠也不會厭倦生活，並且始終都會認為自己是世界上最快樂、最幸福的人。當我們帶著熱情去生活時，再苦再累的日子我們也能從中品味到甘甜。

■ 懂得生命的珍貴

二戰期間，羅伯‧摩爾在一艘美國潛艇上擔任瞭望員。一天清晨，隨著潛艇在印度洋水下潛行的他透過潛望鏡，看到一支由一艘驅逐艦、一艘運油船和一艘水雷船組成的日本艦隊正向自己逼近。潛艇對準走在最後的日本水雷船準備發起攻擊，水雷船卻已掉過頭來，朝潛艇直衝過來。原來空中的一架飛機，早已測到了潛艇的位置，並通知了水雷船。摩爾所在的潛艇只好緊急下潛，以便躲開水雷船的炸彈。

三分鐘後，六顆深水雷炸彈幾乎同時在潛艇四周炸開，潛艇被逼潛到水下八十三公尺深處。摩爾知道，只要有一顆炸彈在潛艇五公尺範圍內爆炸，就會把潛艇炸出個大洞來。

為了避開轟炸，潛艇關掉了所有的電力和動力系統，全體官兵靜靜地躺在床鋪上。當時，摩爾害怕極了，連呼吸都覺得困難。他不斷地問自己，難道這就是我的死期？儘管潛艇裡的冷氣和電扇都關掉了，溫度高達三十六度以上，摩爾仍然直冒冷汗，披上大衣牙齒照樣碰得格格響。

日軍水雷連續轟炸了十五個小時，摩爾卻覺得比十五年還漫長。寂靜中，過去生活中無論是不幸運的倒楣事，還是荒謬的煩惱都一一在眼前重現：摩爾加入海軍前是一家銀行的職員，那時，他總為工作又累又乏味而煩惱；抱怨薪水太少，升遷無望；煩惱買不起房子、新車和高檔服裝；晚上下班回家，因一些瑣事，過去對摩爾來說似乎都是天大的事。而今置身這墳墓般的潛艇中，面臨著死亡的威脅，摩爾深深感受到，當初的一切煩惱顯得那麼的荒謬。他對自己發誓：只要活著看到日月星辰，從此再不煩惱。

　　日本艦隊扔完所有炸彈後終於開走了，摩爾和他的潛艇重新浮上水面。戰後，摩爾回國重新參加工作。從此，他更加熱愛生命，懂得如何去幸福地生活。摩爾說：「在那可怕的十五個小時內，我深深體驗到對於生命來說，世界上任何煩惱和憂愁都是那麼的微不足道。」

　　的確，對於經歷過死亡而重獲新生的人們來說，以前的所有煩心事根本算不了什麼，只要活著，就是幸福和快樂的。

生活禪

　　生命是上蒼賜於我們的禮物，經歷過死亡洗禮的人，更懂得生命的珍貴，更能深刻地感悟到活著就是幸福。

　　相對於生命來說，平常生活中的那些煩惱，諸如長相不如人，工作不如意，升職不順利等等，都算不了什麼。事實上，每天早晨醒來，只要能看見第一縷陽光，確定自己的眼睛還能看見這個世界，我們還有什麼好煩惱的呢？每天晚上躺在舒適的床上，發現自己還能健康地存在著，確定自己真實地存在著，那還有什麼好憂愁的呢？

▌不刻意修飾外表

自然的，才是最美的。你在修飾打扮上花費的時間有多少，你需要掩飾的缺點也就有多少。事實上，如果一個人天生麗質，幾乎無需打扮，也會使人賞心悅目；而一個人如果天生長著鬥雞眼、塌鼻梁、大耳朵，那麼，不管他怎麼掩飾，也還是會讓人一眼就看出他的真面目。

伯爵夫人準備參加一個在韋爾夫人家舉行的舞會。那天，天還未亮，伯爵夫人便早早起床，吩咐女僕點上蠟燭，開始為自己梳妝打扮。

由於伯爵夫人頭髮灰白，因此，她得戴上假髮。但伯爵夫人不願別人看出這個破綻，為此她要求女僕為自己戴假髮時，要把四周掩飾得天衣無縫。女僕不敢違抗伯爵夫人的命令，只好細心地為她戴上髮套。但伯爵夫人怎麼也不滿意，女僕只好反覆地戴上、取下、再戴上、再取下，就這樣來回折騰了一個小時，才把假髮戴好。

伯爵夫人的眉毛稀疏，按照伯爵夫人的要求，女僕拿著眉筆，左描右畫，但伯爵夫人一下責怪她畫得太粗，一下責怪她畫得太細，一下叫嚷著左邊畫高了，一下又責怪右邊畫低了，就這樣又反覆折騰了一個小時，伯爵夫人才滿意地放下鏡子。

這時，天已經亮了。

接下來，伯爵夫人便讓女僕開始為自己的臉上抹粉，因為伯爵夫人臉上有無數個大小不等的「坑」，而且粉底厚薄不一，女僕只好先一點一點把每一個坑填平，然後再為整張臉抹粉。粉是抹好了，可又是一個小時過去了。

此時，馬夫早已在屋外備好了馬車，並告訴伯爵夫人，應該上路了，因為到舞會的地點還有好長一段路程。

但伯爵夫人毫不理會，而是站在寬大的穿衣鏡前，開始試穿禮服。這時，伯爵夫人感到飢餓難忍，原來為了能讓自己高高隆起的腹部能消下去一點，她已三天未進食了。

「夫人，您還是用完早餐再走吧，我看您的身體都已在顫抖了。」女僕小心地提醒道。

「少廢話！趕快把水晶項鍊給我拿來！」伯爵夫人打斷女僕的話，厲聲說道。

然後是替伯爵夫人選襪子，搭配鞋子……

當伯爵夫人對鏡子中的自己十分滿意時，她才上了停在屋外的馬車。然而，當伯爵夫人趕到韋爾夫人家，舞會已經接近尾聲。

當大家看到伯爵夫人出現在舞會現場時，都驚奇地讚嘆道：

「上帝啊！你的氣質真好！」

「你的頭髮真漂亮！」

「你真是魅力四射！」

聽到一陣陣的讚美聲音，伯爵夫人得意地說：「我當然知道自己最具魅力了，因為為了這場舞會，光化妝就花了我近八個小時！」

「哦，你身上有那麼多需要掩飾的地方嗎？」從角落裡傳來一個男人低沉的聲音。

「哈……」滿屋子的人聽後都大笑起來。

在一片笑聲中，伯爵夫人突然昏倒在了地上。眾人忙停住笑，驚恐地上前圍住伯爵夫人。

「沒事的，請給伯爵夫人一碗參湯吧，她已餓得昏倒了。為了保持身材的苗條，她已三天未吃東西了。」伯爵夫人的女僕上前小聲地對韋爾夫人說。

笑聲再一次充滿了整個屋子。

你肯定會為伯爵夫人的愚蠢而發笑，卻忘記了自己為了掩飾身上的某一個缺陷，也會每天都對著鏡子耗費大量的時間。其實，有一點缺陷並不可怕，適當地掩飾也無可厚非，但如果你僅僅為了虛榮，而在鏡子前花費大量時間來裝扮完美，以此來吸引別人的眼球，倒不如用智慧和自信來充實自己，更能贏得別人的掌聲。

生活禪

貪圖外表的美麗，反而會給自己帶來禍害，當放棄那份虛榮時，你才會獲得一份平安。人如果太在意外表的美麗和榮耀，不能放下架子，那麼就有可能落得可悲的下場。

與其裝扮外表，不如充實心靈。外表的美固然重要，但也要注意心靈的充實。外表的美只是一時的，而心靈的充實則能影響你一輩子。

第五章
自信的人生最美麗

　　充分自信、完全自信的人是最幸福的，不相信自己比世界上別人都出色的人是可憐蟲。不管我們的情況多麼糟糕，或是沉淪在多麼低下的地位，我們絕不會和任何人互換身分，只要客觀、正確地了解自己，相信自己的能力，自信就會回到我們身上，而有了自信，人生才會更美麗。

■發現真正的自我

據史料記載，幾百年前，緬甸軍隊曾派兵攻打當時稱為暹羅的泰國。

暹羅有一個寺廟的和尚們意識到他們的國家即將陷入戰亂，於是趁敵軍來襲之前，就將寺廟裡的一些珍貴物品妥善藏匿。但是，有一尊高三公尺、重二點五噸、價值約兩億美元的純金佛像無法藏匿。在危急的關頭，寺中的方丈想出了一條妙計，就是用厚厚的黏土覆蓋在黃金佛像的表面上，以免黃金佛像被緬甸軍隊掠奪。就這樣，這座價值連城的佛像被完整地保存了下來。

幾百年後的一九五七年，泰國政府決定在曼谷市內興建一條高速公路，正好從位於某路段上的這間寺廟中穿過。因此，該寺廟不得不整體遷移，寺內的和尚們只得將廟中的佛像放置到其他地方。但是其中有一座黏土造的佛像體積龐大，重量驚人，搬運起來困難重重。

當起重機吊起這個龐然大物的時候，它開始出現了裂縫。更為糟糕的是，此時又下起了傾盆大雨。寺內的方丈為了不讓神聖的佛像再受到損害，便決定先將佛像放回原處，然後用巨大的防水帆布嚴嚴實實地覆蓋在上面，以免遭受雨水的侵襲。

那天晚上，方丈拿著手電筒，來到佛像那裡巡視。他掀開帆布，仔細檢查，看佛像有沒有被雨水淋溼。當燈光照射到裂縫處的時候，突然之間，他看到從裂縫處反射回一道奇異的光芒。方丈立即爬到裂縫處仔細檢查，他隱約覺得裂縫下面有些異樣，懷疑這層泥下面藏有別的東西。

於是，方丈找來鑿子和鎬頭，從裂縫處開始小心翼翼地鑿去佛像表面的上層。隨著土塊的不斷剝落，原來很細小、很微弱的反光變得越來

大、越來越耀眼了，金光閃閃的物體逐漸地顯露出來了。

經過幾個小時不停地敲鑿，當方丈氣喘吁吁地鑿下最後一片土塊時，這座純金鑄造的佛像終於重見天日了。

生活禪

仔細想想，我們每個人都像那座泥佛像，由於對未知世界的恐懼，便給自己裹上一層厚厚的殼。然而在殼的下面卻有一個「金菩薩」，那才是真正的自我。在很小的時候，我們就學會了將內心中那個如黃金般純真的自我深深隱藏起來，現在我們應該做的是像那位方丈那樣，拿起鑿子，鑿去我們身上那層厚厚的殼，重新展露我們純真的本質、真實的自我。

當我們學會自我認知與自我肯定時，自身的價值就會被挖掘，就會得到提升。

■綻放自己的美麗

據說，在非洲的戈壁上，有一種叫依米花的小花。花呈四瓣，每瓣自成一色：紅、白、黃、藍。它的獨特並不止於此，在那裡，根系龐大的植物才能很好地生長，而它的根，卻只有一條，蜿蜒盤曲著插入地底深處。

一般情況下，依米花要花費五年的時間來完成根莖的穿插工作，然

後，一點一點地積蓄養分，在第六年春，才在地面吐綠綻翠，開出一朵小小的四色鮮花。

然而讓人惋惜的是，這種極難長成的依米小花，花期並不長，僅僅兩天工夫，它便隨母株一起香消玉殞。

依米花的生長和蟬的生命歷程有著驚人的相似。它們只是大自然萬千家族中極為弱小的一員，可是，它們卻以其獨特的生命方式向世人昭告：生命只有一次，美麗只有一次！

生活禪

如同依米花一樣，我們要想在生命的旅途中獲得一次成功，獲得一次燦爛，在此之前就有可能要經歷五年、六年，甚至更長時間的磨礪和苦難。

然而，人生的路途遠比依米花的一生漫長，我們沒有理由不比依米花做得更好！小小的依米花能在貧瘠的戈壁上美麗的綻放，我們為什麼不能在逆境中用自己的智慧、技能去獲取一次成功呢？

■ 人生沒有絕對的失敗

羅伯特曾經是一個躋身上流社會的企業家，可是，由於公司經營不善和合夥人撤資，他的公司不得不宣布破產。羅伯特變得一無所有了，這時他剛好五十歲。

悲傷之餘，羅伯特想：「我已經五十歲了，老了，再也不會有東山再起的機會了，我將在失敗的陰影中度過餘生，是該為自己打算後事的時候了。」於是，羅伯特用手中最後的一點錢在離城市很遠的地方買了一塊墓地。這時，羅伯特對生活不再有熱情了，他只想在這種黯淡無光的日子中慢慢老去，然後躺進墳墓中去享受另一個世界安寧的日子。

然而，事情總是出人意料。三年後，政府決定修建一條鐵路，火車站就打算建在墓地前面。

一天，一個建築商找到羅伯特，表示願意出數倍的錢買他的那塊墓地，如果羅伯特同意，那麼這塊看似不起眼的墓地將會為他賺回一大筆錢。這是羅伯特做出了誰也沒想到的事情。

「哦，我快有一大筆錢了。」羅伯特興奮地想，「不，等等，我為什麼要賣掉它呢？我為什麼不再利用這個資訊賺更多的錢呢？」

於是，羅伯特拒絕了那位建築商，並迅速找到合作夥伴買下了墓地周圍大片的土地。等到兩年後火車站建成時，這片地皮的價格已翻了數十倍。憑此一項，羅伯特又重新進入富人的行列。

生活禪

羅伯特因為買了地皮而扭轉了自己的人生，可見人生沒有真正的失敗，只要你堅持不放棄。一塊墓地都能變成金礦，這世上還有什麼是不可能的呢？

在人生的長河中，沒有人一輩子風調雨順，波瀾不驚，但是，只要你抓住機會，不放棄希望，就沒有跨不過的山，越不過的河。當你有勇氣走出困境時，人生會因此而輝煌。

■穿破命運之繭

人生在世，很難說哪一個人沒有缺點。有缺點的人是真實的，沒有缺點的人是不存在的。缺點是柄雙刃劍，它既可以給人們製造痛苦，又能給人們製造動力。

有一個小男孩，相貌醜陋，說話口吃，而且因為疾病導致左臉局部麻痺，嘴角畸形，講話時嘴巴總是歪向一邊，還有一隻耳朵失聰。

為了矯正自己的口吃，這個小男孩模仿古代一位著名的演說家，嘴裡含著小石子講話。

看著嘴巴和舌頭被石子磨爛的兒子，母親心疼地抱著他流著眼淚說：「不要練了，媽媽一輩子陪著你。」

小男孩替媽媽擦著眼淚說:「媽媽,書上說,每一隻漂亮的蝴蝶,都是自己衝破束縛牠的繭之後才變成的。我要做一隻美麗的蝴蝶!」

後來,經過不斷地鍛鍊,小男孩能流利地講話了。因為他的勤奮和善良,他中學畢業時,不僅取得了優異成績,還獲得了良好的人緣。

一九九三年十月,他參加全國總理大選。他的對手心懷叵測地利用電視廣告誇張他的臉部缺陷,然後寫上這樣的廣告詞:「你要這樣的人來當你的總理嗎?」但是,這種極不道德的、帶有人格侮辱的攻擊招致大部分選民的憤怒和譴責,選民們把目光開始轉向這位「醜陋」的競選者。

他的成長經歷被人們知道後,贏得了選民極大的同情和尊敬。他說的「我要帶領國家和人民成為一隻美麗的蝴蝶」的競選口號,使他以高票當選為總理,並在一九九七年再次獲勝,連任總理,人們親切地稱他是「蝴蝶總理」。

他,就是加拿大第一位連任兩屆的總理尚·克瑞強。

生活禪

從我們呱呱落地,來到人世間,到長大成人,有些東西我們無法改變。比如,身體的缺陷、清貧的家庭、坎坷的際遇等等,這些都是我們生命中的「繭」。但是,上蒼又是公平的,它在賦予我們苦難的同時,又給予我們可以選擇的東西,比如仁心、信心、勇氣、毅力、自尊、自強……這些都是幫助我們穿破命運之繭,由蛹化蝶的生命之劍,這把劍可以穿破一切障礙,使我們獲得一生的成功與幸福。

■正確地評價自己

　　一個人能否正確地、客觀地評價自己，是很難的事。因為有許多人總是或高或低地評估自己的能力，或者心太高，誤以為自己能一下做好幾件大事；或是心太低，由於自卑作怪而誤以為自己什麼事也做不好。這都是導致人生挫敗的重要因素。因此，我們要學會冷靜地評價自己，發掘適合自己做的事情，這樣才有可能準確地施展自己的計畫，實現自己的夢想。

　　畢卡索年輕的時候，他的畫被很多人否定過，但是他說：「我不認為我的畫不好，我認為它是好的，我對它是極認真的，傾注了全部心血，也許它並不完美，但是我會繼續努力，不斷完善它。我不祈求別人都肯定我的畫，這是不可能的，但我知道總有人會欣賞我的畫，我代表我自己，但也可能表現某一群人的想法，儘管這群人不是很多，但畢竟有，所以，我遲早會被一些人肯定。」他最終成為了偉大的畫家。

　　我們生命中成就的大小，多半看我們能否對自己有信心，能否拒絕一切足以損害能力、降低效率的精神敵人於心胸之外。

　　荷蘭出生的世界上最偉大的畫家梵谷，他的藝術對現代繪畫影響非常大，特別對蘇聯和德國表現主義影響更深遠。他一生畫了八百幅油畫和七百幅素描，但他的全部作品在其生前僅僅賣出去了一幅。他的一生是在貧困潦倒中度過的，始終在和貧窮、困難和失敗中奮鬥。在十七年的繪畫生涯中，他不在乎別人對他的評價，無所謂不被藝術承認，他始終堅持畫他的思想，畫他對生活的認知，並強烈地意識到這才是他真正的職業。

　　經歷了近百年的藝術考驗，他的作品成為了世界拍賣史上最昂貴的油畫，爭相被世界上各大博物館收藏。生活就是這樣，我們要學會正確地評

價自己。

假如你現在的生活還不盡人意，先不要在意別人的看法，你要相信自己的直覺，豐富自己的夢想，這樣你才會對未來有希望。

法國哲學家巴斯卡曾說：「心靈具備某種連理智都無法解釋的道理」。因此，我們要勇於大膽地跟隨夢想前進，別害怕自己的能力有限，但也不要盲目。假如物理難倒了你，你可能沒有機會成為量子物理學家；假如你已經四五十歲了，你可能無法在職業籃球賽中闖出一番天下；但是我們還有許多夢想可供選擇。

如果你覺得自己一無是處，那是你無能的表現。當然，也許我們沒有貝多芬那樣的天才，也沒有畢卡索和梵谷那樣精湛的畫技，但是天生我材必有用。當你對自己有信心時，生活也不會辜負你。

生活禪

信心對每個人都很重要，因此，要相信自己在某些方面的能力，不要愁眉苦臉，不要滿心憂慮，不要憤憤不平，不要對過去耿耿於懷，不要對未來憂心忡忡。嘗試換一種獲取成功的方式，你就會感到輕鬆和快樂。

經常想想什麼事是你想做的，什麼事是可以令你既覺輕鬆又樂在其中的，這有助於你去認知自己的才華，假如把這些才華運用在目標的追求上，成功的機會將會更多。

▋人生需要磨難

逆境能鍛鍊人，只有經歷過風雨、磨難之後，才能鍛造出堅毅的性格。

深山裡有兩塊石頭，甲石頭對乙石頭說：「去經歷路途的艱險坎坷、和世事的碰撞吧，能夠奮鬥一次，不枉來此世一遭。」

「不，何苦呢，」乙石頭嗤之以鼻，「安坐高處一覽眾山小，周圍花團錦簇，誰會那麼愚蠢地在享樂和磨難之間選擇後者，再說那路途的艱險磨難會讓我粉身碎骨的！」

於是，甲石頭隨山溪滾湧而下，歷盡了風雨和大自然的磨難，它依然義無反顧執著地在自己的路途上奔波。乙石頭譏諷地笑了，它在高山上享受著安逸和幸福，享受著周圍花草簇擁的暢意舒懷，享受著盤古開天闢地時留下的那些美好的景觀。

許多年以後，飽經風霜、歷盡塵世之千錘百煉的甲石頭和它的家族已經成了世間的珍品、石藝的奇葩，被千萬人讚美稱頌，享盡了人間的富貴榮華。乙石頭知道後，有些後悔當初，現在它想投入到世間風塵的洗禮中，然後得到像甲石頭那樣擁有的成功和高貴，可是一想到要經歷那麼多的坎坷和磨難，甚至瘡痍滿目、傷痕累累，還有粉身碎骨的危險，便又退縮了。

一天，人們為了更好地珍存那石藝的奇葩，準備為它修建一座精美別緻、氣勢雄偉的博物館，建造材料全部用石頭。於是，他們來到高山上，把乙石頭粉了身碎了骨，給甲石頭蓋起了房子。

生活禪

　　因此，有位哲人曾說：「真正的人生是需要磨難的。遇到逆境就一味消沉的人，是膚淺的；一有不順心的事就惶惶不可終日的人，是脆弱的。」一個人不經歷磨難的洗禮，也往往難以成就一番大事業。

■ 沒有比腳更長的路

「腳比路長？」

幾乎沒有人相信這個真理，但事實的確如此。

古老的阿拉比王國座落在沙漠深處，多年的風沙肆虐，使昔日富饒的城市變得滿目瘡痍，城裡的人越來越少。

一天，國王將四個王子召集到一起，對他們說：「我打算將國都遷往據說美麗而富饒的卡倫。」

「卡倫離這裡很遠很遠，要翻過許多崇山峻嶺，要穿過草地、沼澤，還要涉過很多的大河，但究竟有多遠，沒有人知道。」國王說。

國王看了看他們繼續說：「我決定讓你們四個分頭前往探路。」

四個王子都驚異於國王的決定，但他們還是服從了命令，帶上充足的物品出發了。

大王子乘車走了八天，翻過四座大山，來到一望無際的草地，他一問當地人，才知過了草地，還要過沼澤，還要過大河、雪山……便騎馬往回走。

二王子策馬穿過一片沼澤後，被一條寬闊的大江擋住了去路，望著奔湧的江水，他調轉了馬頭……

三王子漂過了兩條大河，卻又走進了一片無際的沙漠，在茫茫的沙漠中，他搜尋著回來的路。

一個月後，三個王子陸陸續續回到國王身邊，將各自沿途所見報告給國王，並都再三特別強調，他們在路上問過很多人，都告訴他們去卡倫的路很遠很遠。

又過了六天，小王子風塵僕僕地回來了，他興奮地報告父親 —— 到卡倫只需十八天的路程。

國王滿意地笑了：「孩子，你說得很對，其實我早就去過卡倫。」

幾個王子不解地望著國王 —— 那為什麼還要派他們去探路？

國王一臉鄭重道：「我只想告訴你們四個字 —— 腳比路長。」

生活禪

　　某位詩人曾經說過：「沒有比腳更長的路，沒有比人更高的山。」腳比路長，這是千古不變的真理，無論遠方有多遠，只要一腳一腳地執著地去走，所有的坎坷都將被我們踩在腳下。而我們的信念、理想、希望都將一一變成現實。

■ 將自己的優點放大

我們提倡做人要有一顆謙和的心，但並不是指你要否認自己的一切優點、長處，這樣既極端，又對自己的成長不利。所以，在必要的時候，將自己的優點放大，肯定它，正視它，是很有必要的，否則，如果認為自己一無是處，則便會陷入自卑的泥潭。

許多人之所以能在逆境中扭轉乾坤，從失敗走向成功，就緣於他找到了自己身上隱藏的優點，並將其放大，使之成為激勵自己上進的「祕密武器」。

很久以前，一個窮困潦倒的年輕人，流浪到巴黎，懇請父親的朋友能幫自己找一份謀生的差事。

「數學精通嗎？」父親的朋友問他。

年輕人羞澀地搖頭。

「那法律呢？」

年輕人還是不好意思地搖頭。

「地理、歷史怎麼樣？」

年輕人窘迫地垂下頭。

「會計怎麼樣？」

父親的朋友接連發問，年輕人都只能搖頭告訴對方 —— 自己似乎一無所長，連絲毫的優點也找不出來。

「那你先把自己的住址寫下來，我總得幫你找一份事做呀。」

年輕人羞愧地寫下了自己的住址，急忙轉身要走，卻被父親的朋友一把拉住了：「年輕人，你的名字寫得很漂亮嘛，這就是你的優點啊，你不該只滿足找一份糊口的工作。」

把名字寫好也算一個優點？年輕人在對方眼裡看到了肯定的答案。

哦，我能把名字寫得叫人稱讚，那我就能把字寫漂亮；能把字寫漂亮，我就能把文章寫得好看……受到鼓勵的年輕人，一點點地放大著自己的優點，他在心裡已找到自己奮鬥的目標了。

數年後，年輕人果然寫出享譽世界的經典作品。

他就是家喻戶曉的法國十八世紀著名作家大仲馬。

生活禪

有自信心的人，總會把自己的優點適當地放大，以此來激勵自己，使自己帶著一種輕鬆的心情去迎接困難。

在這個世界上，真正的天才、全才並不多，大多數人都是平凡之輩，但不管再怎麼平凡的人，也會有一些優點，諸如能把名字寫好、對數字敏感、記憶力超強這類小小的優點。但在自卑的負面影響下，我們常忽略了它們，更不要說是將其放大激勵自己了，這不能不說是人生的一大損失。要知道，即使再平凡無奇的生活，也蘊藏著豐富的寶藏，只要你承認它，它就能給你帶來信心，帶來光明。

▌坦然接受挫折的洗禮

　　成功者都有這樣的特質：在身處逆境的時候，不會被困難嚇倒，不會選擇退卻，他們勇於迎難而上，以頑強的毅力，泰然接受挫折的洗禮，再攀登成功的頂峰。

　　福音傳播者懷特腓德在他追求事業成功的過程中，經歷了許多輿論的譴責和世俗的刁難，甚至有人威脅要殺掉他。他的反對者把他逐出教會，關閉他的教堂，甚至逼迫他離開所住的城鎮，但他始終不渝地在沿途傳道。

　　反對者僱傭一些人去嘲弄他，向他扔爛泥、臭雞蛋、爛番茄和一些動物的死屍，並且不止一次地向他扔石頭，把他砸得頭破血流……而且許多上層社會的人都對他大加嘲諷，但是，所有的這一切均未能阻止懷特腓德繼續他的傳道事業。因為，他深信他的事業是有益於大眾的。最後，他終於取得了成功。

　　生活中，任何人在向理想目標前進的過程中，都難免會遭遇到各種阻力和重重困難，在這種情況下，要學會堅持，這樣我們才會享受到成功後的快樂。

　　另外，要學會「持之以恆」，在做某些事情時，不朝秦暮楚，不被面前的困苦所嚇倒，不半途而廢，不淺嘗輒止，不功虧一簣。持之以恆是一種毅力，是我們最應該具有的一種進取精神。

　　宋朝詩人楊萬里有詩曰：「莫言下嶺便無難，賺得行人錯喜歡。正入萬山圈子裡，一山放出一山攔。」我們在奮鬥的過程中，由於各方面條件的限制，必然困難重重，也會存在種種干擾。這些困難干擾就像一座座山

阻礙在我們前進的道路上，但是我們不應被嚇倒，只有堅持到底才是最後的勝利。只要拿出頑強的毅力，持之以恆，堅持到底，事業的成功必將成為一種必然。

生活禪

　　坦然地接受挫折的洗禮，才能做生活中的強者，做一個堅忍不拔、威武不屈的人。世間不存在人類無法克服的艱難和困苦。在你面臨絕境無法擺脫時，在你氣喘吁吁甚至精疲力竭時，你只要再堅持一下，奮力爭取一下，你就會戰勝困難，同時也磨練了自己的毅力。

■人人都是平等的

　　在這個社會上，每個人都是平等的，無論你是公務員、教師、農民、企業老闆……但是，人們還需要習慣於根據自己所處的環境，經濟實力等等，在自己的內心裡給自己分成三、六、九等。其實，每個人都是特別的，與眾不同的，只有自己重視自己，珍視自己，別人才不會看輕你。你在自己心裡把自己當成什麼人，別人就會把你當成什麼人，而那些即使從事著卑微的工作，卻有著高尚情操的人們，則永遠值得別人重視與尊敬。

　　在倫敦市郊，一位神父外出時，來到了一個修鞋匠的小店裡。

神父興致極高，他引經據典，高談闊論，大講人性的尊嚴與卑劣。年老的修鞋匠對神父的言論絲毫不感興趣，甚至對他的某些言論感到氣憤，便適時地反駁了神父幾句。

神父聽後雖然覺得面子上不好過，但對修鞋匠的話頗感驚奇。他忍不住說：「你真不應該成為一個修鞋匠，憑你思想的深度、反應的敏銳、語言邏輯的組織，不應當從事這種世俗的工作，而應當從事⋯⋯」

神父的話還沒說完，修鞋匠就打斷了他的話：「先生，請收回你的話！」

「為什麼？」

「我絕不是從事世俗的工作，你看見旁邊那雙鞋子了？」

「我看到了。」

「那是寡婦戴麗娜的兒子的鞋子。她丈夫在夏天去世，她也幾乎隨他死去，但她為這個兒子而活。她的兒子找到送報的差事，勉強維持家計。」

「然而壞天氣不久就要來臨，上帝問我說：『你願意為寡婦戴麗娜的兒子修補鞋子嗎，免得他在嚴冬感染肺炎而死？』我回答：『我願意。』」

「神父先生，你在神的指引下傳道，而我卻在神的指引下為人補鞋。當哪天領獎賞時，我相信你和我都會聽到相同的嘉許：『你這又忠心又善良的僕人⋯⋯』」

生活禪

一個人如果連自己都不珍視時，還怎麼能贏得別人的尊敬呢？人與人之間的平等，不是指所有人要有同等的收入，同樣

的職業，同樣的出生……而是從事各種行業的人都要有一種自我感，都要有自我認可。

　　當你沒有在心裡給自己劃上三、六、九等時，你就是一個心靈自由、心情愉悅、熱愛生活、自尊自重的人。

■樂於接受改變

　　凱爾‧華倫二十多歲時父親去世，留下一個小型公司。由於家庭經濟困難，凱爾無法繼續上大學，實現成為建築師的夢想。但是，他並沒有沉淪，而是想辦法在逆境中尋找機會，將小公司經營得有聲有色。

　　五年後，凱爾結了婚，建立了自己的家，擁有轎車和卡車。

　　但是，命運之神總喜歡捉弄人，一場嚴重車禍讓凱爾的努力付諸流水，而未付的帳單堆積如山。最後，凱爾失去了所有東西：事業、房子、轎車、卡車，還有他的妻子。

　　凱爾無法承受一下子失去這麼多的東西，於是放棄了自己。他原本樂觀進取的想法，也救不了他。有將近兩年的時間，凱爾或在街上遊蕩，或在酒館裡買醉，情況也越來越糟，最後落魄到有時住在遊民收容所，有時住在橋下、空房子中。

　　有一次，凱爾以廢棄的舊倉庫為家，晚上睡覺時被一隻從腳上跑過的大老鼠驚醒。凱爾起身把老鼠趕走，再度躺下時哭了起來。

「我祈禱情況能有所改變。」凱爾說,「這股湧向我的感覺,真是我這一輩子發生過的最奇特的事。我在那天凌晨三點鐘醒來,想到了一個居家修繕服務的點子,叫『租個老公來做工』。」

凱爾一小步一小步邁向成功之路,他在老鼠亂竄的廢棄倉庫中,夜裡忽然靈機一動,第二天早上馬上把身上僅剩的五百元美金,投資在這個點子上。

凱爾借用朋友的房子安裝了一臺電話,印了一些傳單,傳單上寫著:「需要一名老公嗎?別硬撐了,何不租我當您的臨時老公?」然後,凱爾到以前離婚互助團體聚會的教堂,把傳單放在路邊車子的擋風玻璃上,沒想到效果出奇的好。

接著,凱爾用一百美元從車商處買了一部舊貨車,用彩色膠帶在車身貼上字樣,開始開著貨車在城裡到處跑,到處打零工。

有一天,一家電視臺的記者在路邊攔下凱爾的車,跟他說:「你知道有多少人打電話給我,要我報導在城裡跑來跑去的『租個老公來做工』的卡車嗎?」

這位記者聽完凱爾的故事,看過了他當時棲身的倉庫後,為國家廣播公司的波特蘭電視臺做了一篇凱爾的專訪。

「我花了兩百美元將那次電視專訪錄成好幾卷錄影帶,寄給其他不同的節目。《莫利‧波維奇脫口秀》的工作人員打電話來,要請我做嘉賓。接下來發生的事大家都很清楚了。」凱爾說。

雖然凱爾想將自己的成就歸功於聰明才智,但是他強烈地感覺到,只要大家和他一樣樂於接受改變,其實有許多人都能從低谷中站起來,去重

新獲取事業上的成功。

「我們可以從直覺中得到許多訊息，只要我們願意聆聽，堅持下去，未來就會更好。」凱爾認為，許多人做不到堅持下去這一點。

「沒有熱忱和勇氣的話，任何改變都不會有用。」凱爾說，「以我而言，我當時拋掉了對一切的恐懼，再也不害怕了，我不怕死亡，不怕失敗，不怕孤注一擲。」

生活禪

　　凱爾的成功經歷說明了「交付出自己」的力量，一旦你卸下思想的重擔，不再自我懷疑，一心信賴比自身還大的力量協助時，你的生命就開始有了轉變。通常自己對自己的看法都不太客觀，當我們像凱爾那樣希望有外力介入去改變自己的生活時，我們就能超越原本阻礙自我認知的預想限制及扭曲的想法。

你今天為自己鼓掌了嗎

　　一位保險公司的業務員銷售業績總是不理想，他找到公司的培訓師訴苦，並請他幫助自己分析失敗的原因。

　　「你是不是缺乏與人交談的技巧？」培訓師問。

「不。」業務員的回答很肯定。

「那是不是不夠勤奮？」培訓師繼續問。

「不，我每天都盡可能地拜訪客戶。」業務員的回答很乾脆。

「那麼，你每天為自己鼓掌了嗎？」培訓師沉默了一會，問道。

「為自己鼓掌？」業務員好奇又好笑。

「是的。」培訓師繼續說，「為自己鼓掌，為自己喝彩，是增強自信心的一個好方法。有了信心，就不愁沒有業績，你不妨試一試。」

這位業務員後來果真成了公司銷售明星。他說自己成功的祕訣就是經常為自己鼓掌。

沒有人不需要得到鼓勵和讚揚，但是很多人在做出成績後，卻總是期待別人來讚許。其實，光靠別人的讚許還是不夠的，何況別人的讚許會受到各種外在條件的制約，難以符合你的實際情況或滿足你真正的期盼。要保護自己的自信心和成功信念，不妨花些時間，恰當地給自己一些獎勵。

有一位美國作家，他是靠著為報社寫稿維生的。他給自己訂了一個目標，每週必須完成兩萬字。達到了這一目標，就去附近的餐廳飽餐一頓作為獎賞；超過了這一目標，還可以安排自己去海濱過週末。於是，在海濱的沙灘上，常常可以見到他自得其樂的身影。

心理學家曾發現過這樣的一個有趣的現象：

為什麼許多名噪一時的歌手最後以悲劇結束一生？究其原因，就是因為，在舞臺上他們永遠需要觀眾的掌聲來肯定自己。但是由於他們從來不曾聽到過來自自己的掌聲，所以一旦下臺，進入自己的臥室時，便會備覺

淒涼，覺得聽眾把自己拋棄了。

心理學家的這一剖析，確實非常深刻，也值得深省。

為自己喝彩，給自己鼓掌，絕不同於自我陶醉，而是為了更強化自己的信念和自信心，更正確地評估自己的能力和人格。

因此，當我們出色地完成了工作，或朝著自己的目標不斷有所進展的時候，千萬別忘了給自己鼓掌。當你對自己說「你做得好極了」或「那真是一個好主意」時，你的內心一定會被這種內在的詮釋所激勵。而這種透過自我讚許所獲得的歡樂，確實是值得我們去細細品味的。

生活禪

為自己鼓掌，不但可以使心情由鬱悶變開朗，還可以使自己有旺盛的精力去戰勝工作中的困難。如果你還沒有為自己鼓過掌，為什麼不試一試呢？

生活中，我們每個人都需要一種能充實自信心的成就感，而自信不單來自於外界的肯定與掌聲，更來自於自己內心的吶喊「我真棒！」、「我是優秀的！」。當我們練習著對自己鼓掌時，夢想就會變成現實，而快樂也會如影相隨。

▋相信自己

美國的 NBA 聯賽，有個夏洛特黃蜂隊，黃蜂隊有一位身高僅一百六十公分的運動員，他就是麥斯·波古斯，NBA 最矮的球星。波古斯這麼矮，怎麼能在巨人如林的籃球場上競爭，並且躋身大名鼎鼎的 NBA 球星之列呢？這是因為波古斯的自信。

波古斯從小就喜愛籃球，可因長得矮小，同伴們瞧不起他。

有一天，他很傷心地問媽媽：「媽媽，我還能長高嗎？」

媽媽鼓勵他說：「孩子，你能長高，長得很高很高，會成為人人都知道的大球星。」

從此以後，長高的夢像天上的雲彩在他心裡飄動著，每時每刻都在閃爍希望的火花。

「業餘球星」的生活即將結束了，波古斯面臨著更嚴峻的考驗——一百六十公分的身高能打好職業賽嗎？

柏格斯下定了決心，要靠一百六十公分的身高闖天下。「別人說我矮，反而成了我的動力，我偏要證明矮個子也能做大事情。」在萊斯特大學和華盛頓子彈隊的賽場上，人們看到波古斯的表現後相當驚豔，從下方來的球百分之九十都被他收走，他越是個子矮越是飛速地低運球過人……

後來，波古斯進入了當時名列 NBA 第三的夏洛特黃蜂隊。在他的一份技術分析表上寫著：投籃命中率百分之五十，罰球命中率百分之九十……

一份雜誌專門為他撰文，說他個人技術好，發揮了矮個子重心低的特

長，成為一名使對手害怕的斷球能手。

「夏洛特的成功在於波古斯的矮」，不知是誰喊出了這樣的口號，許多人都贊同這一說法，許多廣告商也推出了「矮球星」的照片，上面是波古斯純樸的微笑。

波古斯已與夏洛特隊接連簽過七個賽季的合同，最後一個賽季一簽就是五年。他曾多次被評為該隊的最佳球員。

波古斯至今還記得當年他媽媽鼓勵他的話，雖然他沒有長得很高很高，但可以安慰媽媽的是，他已經成為人人都知道的大明星了。

這位矮球星說，他要寫一本傳記，主要是想告訴人們：「要相信自己，只有相信自己，才能成功。」

生活禪

　　每個人都祈求成功，但是最終只有對自己充滿自信的人，才能有幸到達成功的彼岸。假如沒有自信，羅斯福不可能以殘疾之軀，帶領美國人民走出「大蕭條」的陰影⋯⋯

■ 不要活在別人的眼光裡

在生活中，當遇到問題時，總會有許多人站出來指指點點，七嘴八舌。有的說這樣做才是正確的，有的說那樣才可行。但身為當事人，切忌

被別人所左右，永遠要記住，決定權在自己手裡，別人的意見只能用來參考。

一位畫家把自己的一幅佳作送到畫廊裡展出。他別出心裁地放了一支筆，並附言：「觀賞者如果認為此畫有欠佳之處，請在畫上作上記號。」

結果畫面上標滿了記號，幾乎沒有一處不被指責。

又過了數日，這位畫家又畫了一張同樣的畫拿去畫廊展出。不過這次附言與上次不同，他請每位觀賞者將他們最為欣賞的妙筆都標上記號。

當他再次取回畫時，看到畫面又被塗滿了記號，原先被指責的地方，卻都換上了讚美的標記。

在現實生活中，讓別人的意志來決定自己生活的人實在不少。人一旦失去了自我，也就失去了自我追求和信仰，也就失去了自由。

其實，每個人站的角度不同，出發點不同，所得出的結論自然也就不太一樣。但不管怎樣，一個人千萬要有自己的主張，別人的看法對的就要去聽，錯的也就懶得去管它了。只有堅持自己的主見，才能凸顯出自己的個性，才能與眾不同。要知道，藝術需要個性，生活也需要個性，人一旦沒有個性，也就像牆上蘆葦，風吹兩邊倒，沒有自己的主見了。

生活禪

人大可不必為別人的眼光和舌頭而活，如果你總是顧忌別人的眼光和舌頭，那麼，屬於自己的生命還有多少呢？

自信而不自滿，善聽意見卻不被其所左右，執著卻不偏執，這樣才會活出真正的自我。

■自棄是心靈的「毒蛇」

　　自棄是人一生最大的錯誤。某位偉人曾說過：「自暴自棄，這是條永遠腐蝕和啃齧著心靈的毒蛇，牠汲取著心靈的新鮮血液，並在其中注入厭世和絕望的毒液。」沒有追求的人，必然是怠惰的。沒有理想，即沒有某種美好的願望，也就永遠不會有美好的現實。沒有理想，就達不到目的；沒有勇氣，就得不到東西。

　　約在一個半世紀以前，一艘英國商船在麻六甲海域沉沒，這艘從廣州駛出的船上載滿古老中國的絲綢、瓷器及珍寶。

　　後來，一位名叫鮑爾的人偶然從相關資料上獲得消息，便下決心打撈這艘沉船，他在深黑的海底摸索了漫長的八年，探尋了七十多平方公里的海域，終於找到了海底的寶物。

　　但這項工程耗資巨大，工作剛進行了一個月，就用去幾萬元，兩位最初的合夥人認定無望而離去。之後，沒有一個合夥人能堅持得更久，其中有一位鮑爾的好友，幾次加入又幾次離去，並一次次勸說鮑爾放棄這瘋子般的念頭。

　　事後，鮑爾說他其實一直有放棄的念頭，每次精疲力竭地從海底潛回時，他都想永遠不再下去了，他甚至懷疑早年的記載有誤，而且八年來，他已耗盡鉅資、債臺高築，但他終於堅持到了成功的這一天。

　　在人的一生中，有一次堅持到底就算是成功，而放棄一旦開了頭就絕不會少，對於曾經認定的事 —— 事業、愛情、友誼，放棄過一次就會一再放棄。

生活禪

　　如果一個人主動放棄了自己，那麼便沒有人能拯救他。同樣的道理，如果一個在挫折面前放棄了自己的理想和追求，就等於是把成功的機會拱手給了那些勇於向命運抗爭的人。

　　很多時候，我們之所以失敗，不是因為我們沒有機會，而是我們對前途失去了信心，忘了自己的理想和追求。在此，我們每個人都有必要記住前蘇聯作家奧斯特洛夫斯基的那句名言：「假如退縮了一秒鐘，失去了對勝利、前途的信心，那麼勝利就會從他們的手中溜走。」

■人人都有力量改變自己

　　桃樂絲、獅子、機器人、稻草人沿著青磚道前往翡翠城找尋奧茲大法師，希望從他那裡獲得解決難題和達成願望所需要的勇氣、決心和智慧。

　　奧茲大法師只告訴他們一個簡單的法則：「達成所欲目標的力量，其實就在自己身上。」意思就是說，每個人本身都有力量來解決難題，法師是幫不了什麼忙的。這就是能為自己開啟新生命的奧茲法則。

　　成功的力量就潛藏在人們自己身體裡，尋求法師的幫助是徒勞無功的。神奇的奧茲法則告訴我們一個簡單的道理，那就是：在充滿挫折的人生道路上，唯一能拯救我們走出困境的只能是我們自己。

在現實生活中，多數人之所以把自己的生活弄得一團糟，而沒有獲得成功，或是在身處逆境時，不主動、積極發掘自身潛能，而是一味等待，這是因為他們沒有把自己內在的力量凝聚起來，他們甚至對自己是誰，是什麼樣的人缺少認知。

記住：「人是他自己最可惡的敵人。」每個人都有惰性，有些人雖然有目標和理想，而且也熱情工作，但是最終仍然失敗了；有些人雖然希望做些有創造性的事，偏偏無法取得成功。為什麼？問題就出在他自己身上。

事實上，這個世界上我們最難了解的人就是我們自己。特別是在遭遇困難時，我們不願主動去思考，依靠自身的力量解決問題，卻盼望著有「貴人」相助，卻不知道，我們每個人都是自己的「貴人」，但是我們總是躲避自己，而不願意了解真正的自我，或是自我懷疑，不相信自身的力量，不相信自己有能力戰勝困難。但蘭地‧瓦特斯卻以他自身的經歷向我們再一次證明了這樣一個道理：只要發掘自身的力量，世界上的最大救星就是我們自己。

蘭地上中學時，有一次放學回家幫助開食品店的父母照料食品店。當他開動絞肉機時，沒想到一條手臂被絞肉機從整個袖子以下全絞了進去。從那以後，蘭地覺得自己快倒下去了，覺得自己快要死了。他對生活逐漸失去了信心。

但是，在一個偶然的機會，他遇見了喬治亞 —— 一所中學的足球教練。

這位教練對他說：「這個世界上沒有什麼真正能夠打垮你，除了你自己！」並且，這個教練給了他一個機會，讓他繼續玩足球。

接下來的故事就是：蘭地以一隻胳膊及一隻手 —— 當然還加上一種絕對積極樂觀的態度，去挑戰生命中的一個個難題。他對自己失去的並不沮喪，他專注於他所擁有的，並依靠自身的力量，將它發揮到極致。這種態度使蘭地成為一個成功的人，而它同樣也可以使你獲勝。

人性的最大弱點之一，便是依賴他人給自己以勇氣和智慧，而不知道去從自己身上挖掘這些「寶藏」。在生活中，如果你也像桃樂絲、獅子那樣，只顧去尋找奧茲法師，希望從他那裡得到幫助，而不懂得依靠自身的力量來解決難題，那麼，你就很難獲得成功。

生活禪

學家們曾透過他們所做的一項歷時幾十年的研究，得出了這樣的結論：為什麼智力相似、成績相近的學生，幾十年後的成就有天壤之別呢？其原因不在於智力的差異，而在於他人格特徵上的不同 —— 有沒有信心。

成功沒有捷徑。有些人稍遇挫折，便自暴自棄。其實，一個人除了努力之外，更重要的是要有信心。當遇到難題，如果沒有信心去突破它的瓶頸，反而一味懊惱、頹廢，則註定要失敗。

有什麼樣的信念，就有什麼樣的人生。影響我們人生的絕不是環境，也不是遭遇，而是我們持有什麼樣的信念。信念可以讓人發揮無比的創造力，也可以造成破壞力，這要看從哪個角度去認定它。積極的信念使人克服逆境，繼續向前邁進；消極的信念則使人沮喪，無法振作，而就此毀掉自己的一生。

■信心是成功的祕訣

　　信心對於我們每個人都有重要的意義。信心的力量往往發揮著決定性的作用，要想做出一番事業，就必須擁有無堅不摧的信心。人一旦擁有這種信心，並經由自我暗示和潛意識的激發後，這種信心便會轉化為一種「積極的感情」。它能夠激發潛意識釋放出無窮的熱情、精力和智慧，進而幫助其獲得巨大的財富與事業上的成就。

　　所以，有人把「信心」比喻為「一個人心理建築的工程師」。在現實生活中，信心一旦與思考結合，就能激發潛意識來激勵人們表現出無限的智慧和力量，使每個人的欲望所求轉化為物質、事業等方面的有形價值。

　　信心不僅能使一個白手起家的人成為總經理，也會使一個演員在風雲變幻的政壇上大獲成功，美國第四十屆總統雷根就是有幸掌握這個訣竅的人物。

　　雷根是一個演員，卻立志要當總統。從二十二歲到五十四歲，雷根從電臺體育播音員到好萊塢電影明星，整個青年到中年的歲月都投身於文藝圈內，對於從政完全是陌生的，更沒有什麼經驗可談。這一現實，幾乎成為雷根涉足政壇的一大攔路虎。然而，當機會來臨，共和黨內和保守派以及一些富豪們竭力慫恿他競選加州州長時，雷根毅然決定放棄大半輩子賴以為生的影視職業，決心開闢人生的新領域，有兩件事樹立了雷根角逐政界的信心。

　　一件事是他受聘為通用電氣公司的電視節目主持人。為辦好這個遍布全美各地的大型聯合企業的電視節目，透過電視宣傳，改變普遍存在的生產情緒低落的狀況，雷根不得不用心，花大量時間巡迴在各個分廠，和工

人和管理人員廣泛接觸，這使得他有大量機會認識社會各界人士，全面了解社會的政治，經濟情況。人們什麼話都對他說，從工廠生產、職工收入、社會福利到政府與企業的關係、稅收政策等等。

雷根了解這些現狀後，透過節目主持人身分反映出來，立刻引起了強烈的共鳴。為此，該公司董事長曾意味深長地對雷根說：「認真總結一下這方面的經驗體會，然後身體力行地去做，將來必有收穫。」這番話無疑為雷根產生「棄影從政」的信心埋下了種子。

另一件事發生在他加入共和黨後，為幫助保守派競選議員，募集資金，雷根利用演員身分在電視上發表了一篇題為「可供選擇的時代」的演講。因其出色的表演才能，大獲成功。演講完後立即募集了一百萬美元，以後又陸續收到不少捐款，總數達六百萬美元。紐約時報稱之為美國競選史上籌款最多的一篇演說。雷根一夜之間成為共和黨保守派心目中的代言人，聲譽日漸高漲。

這時候，傳來更令人振奮的消息，雷根在好萊塢的好友喬治·墨菲，這個道地的電影明星，與擔任過甘迺迪和詹森總統新聞祕書的老牌政治家塞林格競選加州議員。在政治實力懸殊巨大的情況下，喬治·墨菲憑著三十八年的舞臺螢幕經驗，喚起了早已熟悉他形象的老觀眾們的巨大熱情，意外地大獲全勝。

原來，演員的經歷，不但不是從政的障礙，而且如果運用得當，還會為爭奪選票贏得民眾發揮作用。雷根發現了這一祕密，便首先從塑造形象上下功夫，充分利用自己的優勢吸引了眾多選民：有人說雷根運氣極佳，其實，雷根的「運氣」通常都是他信心堅定的結果。

當然，信心畢竟只是一種自我激勵的精神力量，如果離開了自己所擁

有的條件，信心也就失去了依託，難以變希望為現實。凡是想有所作為的人，都須腳踏實地，認真地做好每一件事，才有成功的希望。正如雷根要改變自己的生活道路，並非突發奇想，而是與他的知識、能力、經歷、膽識分不開的。

生活禪

　　有一位成功學家說過這樣一句話：「每個人都應該有這樣一種卓越的特質 —— 在經過許多失意事之後，他還是滿懷信心，毫不失望，以為將來一切自會好轉。」事實上的確如此，生活中那些性格軟弱和事業上不成功的人的主要原因，就是缺乏信心。信心具有令人難以置信的力量，信心能夠激發我們的熱情，促使我們付之行動。當你抱著「我確實能做到」的態度時，自然就會想出「如何去做」的方法。

▌相信潛能的力量

　　有一次，一個喜歡冒險的男孩爬到父親養雞場附近的一座山上去，發現了一個鷹巢。他從巢裡拿了一隻鷹蛋，帶回養雞場，把鷹蛋和雞蛋混在一起，讓一隻母雞來孵。孵出來的小雞群裡有了一隻小鷹。小雞和小鷹一起長大，因而不知道自己除了是小雞外還會是什麼。

剛開始，小鷹很滿足，過著和雞一樣的生活。但是，當小鷹逐漸長大的時候，牠內心裡就有一種奇特不安的感覺。小鷹不時想：「我一定不只是一隻雞！」只是牠一直沒有採取什麼行動。

直到有一天，一隻老鷹翱翔在養雞場的上空，小鷹感覺到自己的雙翼有一股奇特的新力量，感覺胸膛裡心正猛烈地跳著。小鷹抬頭看著老鷹的時候，一種想法出現在心中：「養雞場不是我待的地方。我要飛上青天，棲息在山岩之上。」

小鷹從來沒有飛過，但是牠的內心裡有著一股力量和天性。牠展開了雙翅，飛升到一座矮山的頂上。極為興奮之下，牠再飛到更高的山頂上，最後衝上了藍天，到了高山的頂峰。

小鷹發現了偉大的自己。

生活禪

也許有人會說：「這只不過是個很好的寓言而已。我既不是雞，也不是隻鷹。我只是一個人，而且是一個平凡的人。因此，我從來沒有期望過自己能做出什麼了不起的事來。」這就是一般人不能成功的原因，因為你從來沒有期望過自己能夠做出什麼了不起的事來。也就是說，在大部分時候，我們只把自己釘在我們自我期望的範圍以內。

假如你相信潛能的力量，並努力挖掘它，你也一定能創造奇蹟！

■用笑臉來迎接厄運

魯迅說：「偉大的心胸，應該表現出這樣的氣概 —— 用笑臉來迎接厄運。」兩次獲諾貝爾獎的瑪里‧居禮，在科學的道路上曾遭受過來自政治、經濟等多方面的壓力，但她卻絲毫不為之所動，一如既往地專注於她所從事的事業。正當她和丈夫共同奮鬥四年，依稀看到鐳元素隱隱的光芒時，她的丈夫皮耶‧居里不幸被路上的馬車輪壓碎頭顱而喪生。

這個無情的事實，對瑪里‧居禮來說簡直是個晴天霹靂。失去了情感的依託、生活上的忠實伴侶和事業上的合作夥伴，瑪里‧居禮痛不欲生，甚至想到了死。但為了科學研究和丈夫未完成的事業，她振作起來，重新鼓起勇氣獨自開始實驗，歷經千辛萬苦，終於在一九一○年提煉出了純鐳元素，並於同年出版了她的科學巨著《論放射性》。

古人說：「天將降大任於斯人也，必先苦其心志，勞其筋骨，餓其體膚，空乏其身，行拂亂其所為，所以動心忍性，增益其所不能。」在生活和工作的過程中遭受挫折、經受考驗是很正常的事情，舉凡朋友反目、感情受挫等等，所有這些，我們都可能會遇到。每當我遇到這些挫折的時候，我們應該捫心自問：我所遇到的這一切與瑪里‧居禮、貝多芬他們相比，又算得了什麼呢？

生活禪

種子深埋在泥土之中，泥土既是它發芽的障礙，更是它生長的基礎和泉源。瀑布邁著勇敢的步伐，在懸崖峭壁前毫不退縮，因山崖的碰撞造就了自己生命的壯觀。挫折是成功的前奏

曲，挫折是成功的磨刀石。因挫折而一蹶不振的人，是生活的
弱者；視挫折為人生財富的人，才會獲得成功的桂冠。

▌不向惡劣的環境低頭

　　英國哲學家羅素在其著作中這樣寫道：「一個具有一定興趣和信念的
人會發現，生活於某一個群體中時，自己實際上成了一個被驅逐者，在另
一個群體中，則又身為一個完全正常的人而被接受。許許多多的不幸，尤
其是青年人的不幸，即由此而產生。一個青年男子或女子接觸到某些新思
想，但是卻發現這些思想在他或她的生活環境中受到詛咒。於是，這個青
年很容易產生這種想法，把自己所熟悉的唯一環境當作整個世界的代表。
正是對世界的無知，人們經受了許許多多不必要的痛苦，有大多數人只是
在青年時期，而不少人甚至整個一生都如此。」

　　就像羅素所說的那樣，世界的小環境是豐富多彩的，水準也是參差不
齊的。如果我們確信這一點，就可以為自己去尋找一個更理想的環境。這
個環境也許是一個適合你的職業，也許是一個能與你深交的人，也許是一
處你非常喜歡的天然居所，也許是給了你歸屬感的人文背景，也許是讓你
一展才華的創舉。

　　小澤征爾是世界一流的音樂指揮大師。童年的小澤征爾就已顯出過人
的音樂天賦，他一接觸琴鍵就顯出駕馭「樂器之王」的潛力。

但是，一次意外使小澤征爾兩手的食指嚴重挫傷，僵直的傷指逼得他不得不放棄心愛的鋼琴。那年他已十四歲，已練就了相當的音樂技能。

沉重的打擊沒能奪走他再選擇音樂的意志，他覺得自己可以改學樂隊指揮。日本東方音樂學院的著名教授齋藤秀夫收下了他，他跟著自己的老師學習指揮直到一九五九年。

後來，小澤征爾遠涉重洋到歐洲深造指揮藝術。在歐洲，他人生地不熟，說著蹩腳的外文，邊學習，邊打工賺生活費。生活雖然艱辛，他卻得到了最寶貴的表演機會。

一九六一年，小澤征爾加入美國紐約的交響樂團，成為世界級優秀指揮家和作曲家伯恩斯坦的三個副指揮之一。在歐美，小澤征爾的音樂天才迅速得到認可和提升，並極快地達到爐火純青的境界。

小澤征爾說：「我的工作就是處理複雜的樂譜。例如，有一個樂譜的符號是悲傷，可是，究竟何為悲傷？是哪一種悲傷？是寧靜的悲傷、陰鬱的悲傷，還是沉悶的悲傷？這些作曲家並未說明，必須由我來做出決定，這就是我的職業。」

對於環境與個性關係的清醒認知和掌握，使小澤征爾走向藝術的頂峰，贏得了內心的無限滿足。

正如小澤征爾一樣，個性對環境的選擇在很多時候已成為我們能否掌握自己命運的歷史性前提。

生活禪

　　命運總是取決於個人所感覺的、所想要的和所做的是什麼。雖然周圍的環境有時憑我們一己之力無法改變，但我們能改變自己的心情，能把握自己的命運。環境不理想，我們可以去尋找，但不能被環境所屈服，否則，就會被命運之神扼緊了喉嚨。

■ 自信才能自強

　　缺乏自信常常是性格軟弱和事業不能成功的主要原因。自信是一種感覺，有了這種感覺，我們才能懷著堅定的信心和希望，開始偉大而又光榮的事業。一個人只有先相信自己，然後別人才會相信你。

　　美國皮套業的明星約翰·比奇安，曾經是一名警官，只是喜歡在業餘時間做皮套。後來，約翰創辦了全美最大的製造皮套和皮帶廠家 —— 比奇安國際公司，專供執法人員和軍方使用。比奇安在這個行業有極大的吸引力，當他出現在皮套展覽臺時，展廳的人們排著長隊，只為一睹他的風采，就像西部鄉村歌星會見他的歌迷一樣。

　　約翰給別人講過這樣一個故事：「信不信由你，三十八年前，我還年輕的時候，在咖啡廳工作過，我看見公司的老闆進進出出，我觀察他們時就問自己：什麼使他們與眾不同？他們都做些什麼？我應當好好研究一

下。我發現一件非常重要的事情——他們有一個重要的特點，就是充滿信心。他們無所畏懼，他們是自信的。從那時起，我反覆思考，後來發現，恐懼是許多問題的根源。你必須對自己有信心，如果你自己沒有信心，任何人都無法相信你。」

萊尼特是一名普通的修理工。他的朋友們條件與他差不多，但薪水卻都比他高，住在高級的住宅區。萊尼特覺得很困惑，究竟自己什麼地方不如他們？

在見過心理醫生之後，萊尼特找到了癥結所在。萊尼特發現自從他懂事以來，就極不自信，妄自菲薄、不思進取、得過且過，他總是認為自己無法成功，也從不認為可以改變這一點。

於是，萊尼特痛下決心，再也不自我貶低，要信心十足。他辭掉了原來的工作，通過面試，進入一家知名的維修公司，兩年之後，成為行業中的著名人士。

在上面的兩個例子中，他們的成功都被他們掌握在自己的手中，而他們成功的關鍵就是因為自信。

可見，自信絕不會在遙遠的地方，它就在被我們曾經忽視的腳下，等待著我們大家去發現，去掌握。

生活禪

歐洲有一句名言：「一個人的自我思想決定他的為人」行為是思想綻放的花朵，人們外在的言行舉止，無論是自然行為還是刻意行為，都是由內心隱藏的思想種子萌芽而來。

自信是一種心中抱著堅定的希望和信念走向偉大榮譽之路的感情，不相信自己比別人都出色的人是個可憐蟲。不管我們的情況多麼糟糕，或是沉淪在多麼低下的地位，我們絕不同任何人對換身分；當我們滿懷自信，並且全力以赴時，做任何事情都有可能獲得成功。

▌自憐不值一文

　　毒品最可怕的地方就是它會讓人體產生依賴性，而要求越來越多的量以達到相同的效果。自貶也是這樣，你越是放縱地沉溺於其中，就會愈加需要它。

　　自貶的人其實是把自己逼到了一個死角。在生活中每個人都會碰到許多實際的困擾，不過有些人的遭遇確實令人同情，比如：有的人得了不治之症，有的人失去了所愛的人，有的人生理上有缺陷，有的人失去了工作等等。這些人都有權抱怨他們的處境，要求得到公平的待遇。但是，他們沒有必要繼續扮演受害者的角色，否則，經歷一段時間後，反而得不到任何好處。

　　許多人都很容易情不自禁地產生自貶心態，即使本身並不可憐，也要把自己當成受害者，他們因為自己的處境不如意，就把自己的不幸歸咎於社會、父母等其他人，甚至覺得自己處處不如人。

一天，大象對螢火蟲說：

「瞧瞧我吧，你們該是何等的渺小啊！居然還好意思飛來飛去。」

螢火蟲們聽後，傷心地哭了，牠們的哭聲恰好被一位過路的神聽到了。

神知道螢火蟲們痛哭的原因後說：

「上帝是公平的，它造就的每一件東西，每一件物品都有它自己的用途，都有它們存在的價值。你們不必因自己的身體細小而傷心，你們也有大象無法比擬的優點 —— 你們能發光，聚在一起就能為夜行人引路，這不是一件很有意義的事嗎？」

要想徹底地擺脫自貶的念頭，只有依靠行動，盡可能把自己培養成一個沒有缺陷的人。因為每次我們把自己看得不值一文時，都強化了一種觀念，認為自己十分可憐，然而這種想法對我們沒有任何好處。自己是可以幫助自己的，但首先一定要停止自貶，這樣去做了，你就不會再貶低自己身為人的價值了。

生活禪

在這個世界上，畢竟普通人占多數，他們既沒有籃球飛人喬丹的驚人彈跳，也沒有微軟總裁比爾‧蓋茲的智慧，但是，他們也有自己的優點，善良、真誠、勤奮，而這一切，也正是一個人立世的資本。

你不可能一輩子一帆風順，肯定也有處在低潮中的時候，但你不要懷疑自己的能力，更不要自貶，覺得自己一無是處。

古人曾說：「天生我材必有用」，因此，不要低估自己，學會寬容自己，接納自己，就會充分挖掘出自己潛在的能力，從而開拓出屬於自己的一片天地。

第六章
總有一扇窗為你打開

　　即使上帝關上了所有的門，也會給你留一扇窗。而你自己一定要努力，要有永不言棄的精神，這樣就會創造出奇蹟。成功之路往往是由失敗鋪成的。當一條路被堵死時，我們要做的第一件事情就是，繼續尋找第二條路，第三條路⋯⋯直到找到成功的正確途徑。

▋被擊倒後要站起來

一位哲人曾說：「成功的人不是從來未曾被困難擊倒的人，而是在被擊倒後，能夠站起來並積極地往成功之路邁進的人。」的確，在獲取成功的過程中，我們會被無數次擊倒。但是，遭受打擊並不可怕，遭遇厄運也不可悲，可怕的是你在打擊面前站不直腰桿，可悲的是你在厄運面前徹底屈服。

我們人類總是理所當然地認為自己比動物聰明，但是動物生存的智慧，卻常常值得我們人類學習，比如長頸鹿。

在動物王國裡，把一隻長頸鹿帶到世上是一個艱難的過程。長頸鹿胎兒從母親的子宮裡掉出來，落到大約三公尺以下的地面上，通常後背著地。幾秒鐘內，小長頸鹿翻過身，把四肢蜷在身體下。依靠這個姿勢，牠第一次得以審視這個新鮮的但充滿危險的世界，並甩掉眼睛和耳朵裡最後殘存的一點羊水。然後，長頸鹿母親使用粗暴的方式把牠的孩子帶到現實生活中。

加里·里士滿在他的著作《動物園觀察》中描繪了一隻新生的長頸鹿是如何學習牠的第一課：

胎兒從子宮裡落到地面上後，長頸鹿媽媽不是像其他動物那樣，立即舔盡胎兒身上的羊水或其他東西，而是低下頭，看清小長頸鹿的位置，並將自己確定在小長頸鹿的正上方。

等待了大約一分鐘後，長頸鹿媽媽做出最不合常理的事 —— 抬起長長的腿，踢向自己的孩子，讓牠翻了一個跟斗後，四肢攤開。

如果小長頸鹿不能站起身，這個粗暴的動作就被長頸鹿媽媽不斷地重複。

小長頸鹿為了站起來，拚命努力。但畢竟是新生兒，力量有限，小長頸鹿有時會停止努力。長頸鹿媽媽看到後，就會再次踢向牠，迫使牠繼續努力。最後，小長頸鹿終於第一次用牠顫動的雙腿站起身來。

這時，長頸鹿媽媽做出更不合常理的舉動 —— 再一次把小長頸鹿踢倒！

為什麼？長頸鹿媽媽是想讓小長頸鹿記住自己是怎麼站起來的。

在充滿危險的荒野中，小長頸鹿必須能夠以最快的速度站起來，以免使自己與長頸鹿群脫離，在長頸鹿群裡牠才是安全的。

獅子、獵豹、狼等食肉動物都喜歡獵食小長頸鹿，如果長頸鹿媽媽不教會自己的孩子儘快站起來，與大部隊保持一致，那麼牠就會成為這些「獵手」們的囊中之物。

生活禪

長頸鹿媽媽如此做法，看似殘酷，實則是對孩子的幫助，因為牠不殘忍，小長頸鹿就不能很快地站起來，而不能站起來，就意味著要遭受滅頂之災。

與長頸鹿遭受打擊而最終站起來相似的是，世界上絕大多數取得巨大成功的偉人們，也曾遭受過類似了打擊。例如達爾文、佛洛伊德、愛迪生等，在這些傑出人物奮鬥的過程中，他們都曾遭遇當頭一擊，然後在接下來的許多年裡，他們走投無路，但是每次被擊倒後，他們總會勇敢地站起來！

█總有一扇窗為你打開

「我出生在農村，家裡沒錢供我上大學。」

「我們公司的負責人任人唯親，所以我一輩子只能在一個平凡的崗位上，從事著一份平凡的工作。」

「我的父母都是普通工人，我沒有任何靠山，而沒有後臺是做不成任何大事的。」……

以上這些都是生活中的那些失敗者為自己找的藉口。

但事實並非如此，因為天無絕人之路，只要你努力，永不放棄，那麼不管人生多麼坎坷，你都不會被生活擊垮。

幾乎家喻戶曉的肯德基，在許多人眼裡，其創始人哈蘭德‧桑德斯是幸運兒，是成功人士。但是，又有幾個人知道他成功前的艱辛呢？

五歲的時候，哈蘭德就失去了父親。由於家庭困難，十四歲那年，他被迫從學校輟學，成了一名靠自己勞動去糊口的少年。由於年齡小，力氣小，最初哈蘭德只能在農場做雜活，接著又到電車上當售票員，但上蒼似乎賦予了他比常人更多的苦難。

兩年後，他又失業了。

十六歲時，哈蘭德謊報年齡參了軍，但是軍旅生涯對於他來說糟透了。一年的服役期滿後，哈倫德去了阿拉巴馬州，在那裡他開了一家鐵匠鋪，但不久就倒閉了。無奈之下，哈倫德又開始了另一份工作——在南方鐵路公司當機車司爐工，他非常喜歡這份工作，並全心全意地去做好。

哈蘭德在工作穩定下來後，於十八歲時結了婚。但僅僅過了幾個月，他被莫明其妙地解僱了。當他拿著解聘書回家時，妻子交給了他一張醫院的化驗單 —— 妻子懷孕了。

哈蘭德開始瘋狂地找工作，只要能賺到錢，再苦再累的活他都樂意去做。但是，無法忍受貧寒的妻子趁他在外奔波時，捲走了他們所有的財產，逃回了娘家。

緊接著，大蕭條開始了，到處都是失業者。但是，哈蘭德沒有因為一連串的失敗而放棄，別人也是這麼說的，他確實非常努力了，但幸福女神總是沒有眷顧他。

接下來的日子裡，哈蘭德邊打零工邊學習法律。但因生計所迫，他再一次放棄了學業。這期間，他賣過保險，推銷過輪胎，經營過一條渡船，還開過一家加油站，但無論他怎麼努力，最終都失敗了。

「你就認命吧！你永遠也成功不了，你身上的每一個細胞都含著失敗的基因。」

「不，我不相信！我要努力！」哈蘭德反駁道。

這一次，哈蘭德計劃著一次綁架行動，將要被綁架的人則是他自己的女兒。他觀察過女兒的習慣，知道她每天下午兩點到三點之間，總會從外公的家裡出來玩，儘管自己的日子過得很糟糕，但是，哈蘭德仍想從離家出走的妻子那裡奪回自己的女兒。雖然綁架的行為很可恥，他也痛恨自己的行為，但他不願意放棄，他太希望得到自己的女兒了。

但是，命運之神又與他開了個不大不小的玩笑 —— 一整個下午，他的女兒都未出來玩。

至此，哈蘭德還是沒有結束他一連串的失敗。

後來，哈蘭德成了一家小餐廳的主廚。當哈蘭德喘一口氣，以為命運女神已為他戴上花環的時候，一條新修的公路剛好穿過那家餐廳，他又一次失業了。

接著，哈蘭德就到了退休的年齡。當然，他不是第一個，也絕不是最後一個到了晚年還沒有做過什麼值得驕傲的事情的人。日子在平淡中一天天過去，眼看一輩子都要結束了，但此時的哈蘭德依然一無所有。

一天，郵差為他送來了他的第一份社會保險支票。

「什麼？養老支票！我老了嗎？」哈蘭德憤怒了，也覺醒了。他收下支票後，用它開創了新的事業。

如今，肯德基遍布全球，哈蘭德‧桑德斯也終於在八十八歲高齡時邁上了成功之路。

生活禪

　　哈蘭德成功的故事給了我們這樣一個啟示：即使上帝關上了所有的門，也會給你留一扇窗。而你自己一定要努力，要有永不言棄的精神，這樣就會創造出奇蹟。

　　成功之路往往是由失敗鋪成的。當一條路被堵死時，我們要做的第一件事情就是，繼續尋找第二條路，第三條路……直到找到成功的正確途徑。

■有一顆不屈的心

曾在《動物世界》節目裡看到這樣一個鏡頭：

沙漠裡，炙熱的陽光下，一條蛇在呈「之」字形前進，這樣可以減少皮膚長時間與沙子接觸。氣溫越來越高，這條蛇躲進沙子裡，在沙子的覆蓋下，牠的身體可以避免陽光的直接照射，而且牠還可以伺機捕獲獵物。因此，蛇是能在沙漠裡頑強生存下來的為數不多的生物之一。

但是，在這塊幾乎能使所有生命死亡的沙漠之中，還有一種類似於麻雀大小的鳥，牠的生命力比蛇更頑強，因為鳥兒要到沙地上找食物，所以也不可避免地成了蛇的獵物。鳥兒的命運似乎很可悲，牠不但要面對惡劣的自然環境，還要對付躲在沙於底下的蛇的襲擊，如果牠要生存下去，就必須戰勝這一切。

美國生物學家克林萊斯有幸拍到了一組這樣的精彩鏡頭：

當一隻鳥兒撲扇著翅膀剛剛停在沙地上準備找食物之時，潛伏在沙子裡的蛇猛地張開大口竄了出來。眼看鳥兒就要成為蛇的果腹之物，可是，頃刻間鳥兒便從劣勢轉為優勢。

克林萊斯驚奇地發現，鳥兒在用自己的爪子一下又一下地拍擊著蛇的頭部，儘管鳥兒的力量非常有限，牠的爪子對蛇的拍擊似乎構不成什麼威脅，並且蛇依然對鳥兒窮追不捨，但鳥兒並沒有停止拍擊。鳥兒一邊躲閃著蛇的血盆大口，一邊用爪子拍擊著蛇的頭部，其準確程度分毫不差。

就在鳥兒拍擊了一千多下時，蛇終於無力地癱軟在沙地上，再也爬不起來了。蛇口脫險的鳥兒停在沙地上從容地吃了一些甲蟲類的食物後，才

撲扇著翅膀慢慢地飛走了。

　　毫無疑問，鳥兒和蛇的力量對比是懸殊的，生物學家唯一能得到的答案就是：鳥兒在經過長期的經驗累積後，終於掌握了一套對付蛇的辦法，那就是瞄準一個點 —— 蛇的頭部，並持之以恆地用爪子拍擊。鳥兒以自己堅忍不拔的抵抗方式，在這次力量對比懸殊的較量中贏得了最後的勝利。

生活禪

　　在現代社會裡，我們人類生存、發展的環境要比沙漠中的小鳥優越得多，但為什麼總是遭遇一次又一次的失敗呢？這是因為我們沒有瞄準一個點，而是東打一榔頭，西打一棒，這樣又怎麼能成就一番事業呢？

　　成功者之所以成功，就是因為他們瞄準了一個點，堅持下去絕不放棄。這個點，有時是機會，有時是你的特長，有時是你的靈感。如果你有一顆不屈的心，並堅持下去，就一定能踏上成功之路。比如，你的愛好是書畫，如果能堅持練習下去，而不是今天學練琴，明天去學習英語，後天去學游泳，那麼，你一定會在書畫領域能有所大成。

▌把不幸當作新的起點

　　遭遇不幸是每個人都曾經歷過的事情。但在經歷同樣的不幸後，有的人變得消沉，終日以淚洗面；有的人則能把不幸當作新的起點，奮起努力，從而改變了自己的命運。後者之所以能以超然的心態對待不幸，是因為他明白，在面臨巨大的打擊和心理落差時，只有堅強，才能戰勝怯懦。當一個人的精神力量強大時，他就會無往不勝，無堅不摧。

　　美國有一個年輕的電臺播音員在嶄露頭角的時候，突然被電臺解僱。他當然懊惱萬分，可是他回家時，卻興高采烈地對他的妻子宣布：「親愛的，這下子我有機會開創自己的事業了。」

　　在這裡，年輕的電臺播音員一開始就有正確的心態，而他也的確開始了他個人的事業。

　　他自己做了一個節目，後來證明是一個成功的出擊，終於他變成了美國家喻戶曉的電視紅星 —— 亞特·林克特勒。

　　我們對待挫折和不幸的態度就應該像亞特那樣，失業了，就把它當作新事業的起點；失戀了，說明又有一段新的感情要開始了；遭到友人的背叛，正好讓你有機會認識更多更誠摯的朋友……只要出現了一個結局，不管這結局是幸運還是悲劇，客觀上都是一個嶄新的開始。

　　有這樣一個寓言故事：

　　青蛙在游泳比賽中輸給了小雞。

　　當小雞站在高高的領獎臺上時，山羊記者問臺下的青蛙：「你本是水中之王，卻在最後的時刻輸給了小雞，痛失金牌，對此你覺得遺憾嗎？」

「當然遺憾。但是透過失敗，我了解到了自己賴以生存的優勢，在關鍵時刻不一定能產生作用。要想成功，就得比平時付出百倍的努力才行。這次比賽雖然失敗了，但我收穫到了比金牌更重要的人生哲理。」青蛙說。

生活禪

　　當不幸降臨時，消極的躲避無濟於事，如果沉溺在不幸中，痛苦也會侵蝕你的靈魂。所以，我們應該敞開胸懷，學會釋解不幸的壓力，並把不幸當作新的起點，以微笑面對生活。

　　人生在世，有得必有失，有盈必有虧，因為整個人生就是一個得而復失的過程。如果你不懂得從不幸中獲得，而一味沉浸不幸的痛苦中，你就難以擁有亮麗的人生，也難以獲得事業上的成功。

　　某位作者曾說：「假如你一味抱怨人生中這樣或那樣的不如意，可能本來很小的不如意就成了痛苦；假如你淡然處之，轉變你的思想或你的注意力，不如意也就沒有那麼可怕了，有時甚至會成為你的幸運。」

▋負責的人是成熟的人

有這樣一個童話故事：

高菲問麗莎：「我應該如何處理一個漏水的水桶？」

麗莎回答說：「將它補起來吧！親愛的高菲。」

高菲聽後，立即接著問：「我用什麼來補呢？親愛的麗莎。」

「用稻草吧！親愛的高菲。」

然而，到了這個時候，高菲卻說：「稻草太長了。」麗莎只好給予高菲指示，而高菲卻依然不斷地提出問題。直到最後，高菲得去提點水來，好弄溼一塊石頭，用它來磨一把刀，去砍斷那些太長的稻草，來修補水桶。因此，她請麗莎告訴她該如何去取水。

於是，麗莎建議她用水桶去提水。但是，這個時候，高菲回答說：「可是，我的水桶破了一個洞，親愛的麗莎。」

高菲的問題核心又回到了原位。

生活中，我們很多人都像高菲一樣，遇到問題時，總是不假思索，而是一味依賴他人做出決定，這樣的人，如同沒有思維能力的木偶，他們「遇事必問」，事無大小，皆向別人請示如何去做。究其原因，不是他們的智商不高，而是他們害怕承擔責任。

然而，無數事實證明：只有那些遇事立即做出決定，並採取積極行動，而且能夠勇於承擔責任的人，才能獲得成功。

十六歲那年，卡內基開始為美國西部鐵路管理局長湯姆·斯考特先生工作。

有一天，鐵路管理局收到一封加急電報——貨車在奧爾托納附近的單軌路線上被堵塞，客車從早上開始已堵了四個小時。

在當時，鐵路管理局有一個鐵的紀律：不管遇到什麼情況，只有管理局長才有權下達對列車的調度命令，如果有人膽敢違反禁令，會立即被革職。這類電報必須請求管理局長斯考特處理，但是，斯考特外出了，誰也不知道他什麼時候才能回來。

卡內基拿到這封電報之後，怎麼也無法與斯考特聯絡上，他知道多耽擱一分鐘，就會給鐵路公司多造成一份經濟和名譽的損失。

責任心和使命感使他有了足夠的勇氣，他斗膽走進了斯考特的辦公室，查看了貨車的配點陣圖，立刻發現了阻塞的原因。於是，卡內基提筆擬好了電文，並冒名簽上斯考特的名字，然後發了出去，從而使事故得到了及時解決。

幾個小時以後，斯考特回來發現塞車的電報，立即擬了一封電報讓卡內基發出去。

卡內基看了看電報的內容後窘迫地說：「我先前已經發了一封同樣的電文了……」

斯考特嚴厲地追問是誰簽的字，卡內基只好承認是自己冒簽的。斯考特看了卡內基一眼，沒有說什麼。

後來，斯考特晉升為賓夕法尼亞鐵路局的副董事長，卡內基想跟隨他去。斯考特意味深長地對卡內基說：「你的才能遠非只是做一個電報員，我已向董事長推薦你任匹茲堡管理局長，這次擴大了匹茲堡管理局的職能，現在的賓夕法尼亞地區將進入你的管轄之內。」

成為匹茲堡管理局長後，卡內基能夠清楚地了解全國的經濟和發展的方向，這為他以後成為幾乎壟斷了美國鋼鐵市場的鋼鐵業巨頭奠定了堅實的基礎。

卡內基就這樣一步步邁向了成功。他總結了成功之道，就是遇事立即做出決定，並勇於負責任。

假如卡內基沒有立即做出疏通鐵路的決定，那麼，即使出了事故後，他有可能不會承擔太多的責任，而冒名簽字則意味著他要承擔重大的責任和壓力，但卡內基做出了決定，也就是選擇了承擔責任。

假如卡內基像高菲一樣，事事依賴他人，不願做出決定，那麼，卡內基後來不一定會成為「鋼鐵大王」。

因此，當我們遇事勇於承擔責任，而不是依賴他人做出決定時，我們就能比別人多許多成功的機會，就會比別人多看到許多人生的美景，多收穫一些甘甜的果實。

生活禪

有位偉人曾說：「人生所有的履歷都必須排在勇於負責的精神之後。」責任伴隨著我們的一生，勇於負責任是一個人的美德，也是一個人取得成就的前提。

在工作中，經常會遇上一些並非我們職責範圍內的事情，如果我們能站在公司的立場上，多為公司著想，而不是置身事外，採取迴避或者是觀望的態度，那麼我們的付出就會得到回報。

■做事前要衡量自己的實力

森林裡，不知什麼原因突然刮起了一陣大風。大風過後，獅王突然發現樹林裡多了一塊大石磨。

「哦，這一定是剛才那陣風從附近村莊吹來的。可是，村裡人失去了石磨，他們拿什麼來磨麵粉呢？或許他們現在正在焦急地尋找呢！」一想到這裡，獅王便大聲說：「誰能把這塊石磨送回村子裡去，我將賞給誰五兩黃金。」

動物們聽後，都歡呼起來，並且都摩拳擦掌，躍躍欲試。

首先是大象上前，牠用長長的鼻子頂住石磨，並用力推起來，可石磨紋絲不動。

「哦，我的力量不足，我放棄。」大象低下頭說。

「哇，連大象都推不動，我們就別上前去獻醜了！」許多動物都議論道。

「唉，你們就這點本事？真是讓我太失望了。」獅王不滿地說。

老牛聽後，心裡很是不服氣，牠邁開大步，雄糾糾地來到石磨前，準備用犄角把石磨頂起來，可是連試了幾次，石磨就像生了根似的，就是沒有動一下。老牛也只好訕訕地退到一邊。

「哇，老牛也頂不動，我還是靠邊站吧。」老虎說完，理智地退到了一邊。

「你們誰能把石磨送回村子裡去，我賞牠十兩黃金！」獅王提高了

賞金。

「唉，我很想得到那十兩黃金，可惜手無縛雞之力。」小老鼠遺憾地對身邊的貓說。

貓點點頭，表示深有同感。山羊、狐狸等也紛紛搖起了頭。

這時，不知從哪個角落裡跳出一隻青蛙，牠一下蹦到石磨旁邊，大叫道：「呵呵，看來這十兩黃金歸我啦！」說完，牠便鼓起肚子，想用力推動石磨。

「哈……哈……」動物們見牠那模樣，都大笑起來，就連獅王也開心地大笑起來。

青蛙知道眾人的笑聲是對自己的蔑視，但牠決心推動石磨。

於是，青蛙在動物們的笑聲中，一次又一次地用力鼓起肚皮，隨著「嘭」的一聲，青蛙的肚皮脹破了，但石磨還是紋絲不動。

可憐的青蛙，到死也不知道自己到底有多大力氣。

生活禪

毫無疑問，這隻青蛙是勇敢的，但是，牠也是魯莽的，因為牠不知道自己到底有多大力氣，以至於拚命鼓氣去推石磨，結果落得個喪命的下場。

很多時候，我們也常高估了自己的能力，我們以為自己渾身都是本事，什麼工作都能做，可一旦接手後，就因無法解決工作中出現的難題而中途放棄，這樣，既浪費了時間，又影響

> 了工作的進程。因此，那些魯莽、好逞強的人，常常不受人歡
> 迎；而那些勇敢又有自知之明的人，則能在完成任務的同時，
> 還能受到他人的尊重。

■勇於冒險

很多年前，當「闖南洋」成為生存的一種手段時，年輕的謝英福隨著「闖南洋」的大軍來到馬來西亞，他的口袋裡只剩下了五塊錢。

為了生存，謝英福在這片土地上為橡膠園主割過橡膠，採過香蕉，為小餐館端過盤子⋯⋯誰也不會想到，他後來成為馬來西亞的一個億萬富翁。

很多人試圖找到謝英福成功的祕密所在，但他們發現，他所擁有的許多機會對於大家都是平等的，唯一的區別就是：他勇於冒險。他可以在賺到十萬元的時候，全部把這十萬元投入到新的行業當中。這在當時動盪的投資環境和並不理想的社會中，一般人是很難做到的。

馬來西亞總理馬哈地也熟知他。當時，馬來西亞有一家國營鋼鐵廠經營不景氣，虧損高達一點五億元。

總理找到謝英福，請他援助該公司總裁，他爽快地答應了。在別人看來，這是一個錯誤的決定，因為鋼鐵廠債重難還，生產設備落後，員工凝聚力喪失。這是一個巨大的無底洞，無法用金錢填平的。

謝英福卻坦然面對媒體，說：「當年來到馬來西亞時，我口袋裡只有五塊錢，這個國家令我成功，現在我要報效國家，如果我失敗了，那就等於損失了五塊錢。」

年近六旬的謝英福從豪華的別墅裡搬出來，來到了鋼鐵廠，在一個簡陋的宿舍辦公，他象徵性的工資是每月馬來西亞幣一元。五年過去了，企業轉虧為盈，盈利達一點五億，而他也成為東南亞鋼鐵巨頭。

面對成功，謝英福笑著說：「我只是撿回了我的五塊錢。」

生活禪

　　適當的冒險是很有必要的。如果謝英福沒有一點冒險精神，那麼他就會像絕大多數闖南洋的人一樣，一輩子只能為別人割橡膠、端盤子，甚至因找不到工作而餓死街頭。但謝英福成功了，他成了馬來西亞受人尊敬的億萬富翁。

　　可見，人生必須學會適當地冒險，因為最大的危險就是不冒任何風險！只有勇敢地迎接風險，才能戰勝風險，獲得成功。

■成大事者，必然行動

　　美國海岸警衛隊有一名廚師。他從確立了自己的目標開始，就時刻記得行動才是第一位的。

　　這名廚師在空餘時間裡，代同事們寫情書，寫了一段時間以後，他覺得自己突然愛上了寫作。他給自己訂立了一個目標：用兩到三年的時間寫一本長篇小說。為了實現這一目標，他立刻行動起來。每天晚上，大家都出去娛樂時，他卻躲在屋子裡不停地寫啊寫。

　　這樣整整寫了八年以後，他終於第一次在雜誌上發表了自己的作品，可這只是一個小小的豆腐塊而已，稿酬也只不過是一百美元。他沒有灰心，相反他卻從中看到了自己的潛能。

　　從美國海岸警衛隊退役以後，他仍然寫個不停。雖然稿費沒有多少，欠款卻越來越多了。有時候，他甚至沒有買一個麵包的錢。儘管如此，他仍然鍥而不捨地寫著。朋友們見他實在太貧窮了，就給他介紹了一份到政府部門工作的差事。可他卻拒絕了。他說：「我要做一個作家，我必須不停地寫作。」

　　又經過了幾年的努力，他終於寫出了預想的那本書。為了這本書，他花費了整整十二年的時間，忍受了常人難以承受的艱難困苦。因為不停地寫作，他的手指已經變形，他的視力也下降了許多。

　　然而，他成功了！小說出版後立刻引起了巨大轟動，僅在美國就發行了一百六十萬冊精裝本和三百七十萬冊平裝本。

　　這部小說還被改編成電視連續劇，觀眾超過了一億三千萬人，創電視

收視率歷史最高紀錄。

　　這位作家的名字叫哈利，他獲得了普利茲獎，收入一下子超過五百萬美元。他的成名之作就是我們今天經常讀到的《根》。

　　「取得成功的唯一途徑就是『立刻行動』，努力工作，並且對自己的目標深信不疑。」哈利說。

生活禪

　　好的思想固然重要，但行動往往更重要。演講大師齊格勒提醒我們，世界上牽引力最大的火車頭停在鐵軌上，為了防滑，只需在它八個驅動輪前面塞一塊三公分大的木塊，這個龐然大物就無法動彈。然而，一旦這個巨型火車頭開始啟動，小小的木塊就再也擋不住它了：當它的時速達到五十公里時，一堵一點五公尺厚的鋼筋混凝土牆也能輕而易舉地被它撞穿。從一塊小木塊令其無法動彈，到能撞穿一堵鋼筋水泥牆，火車頭的威力變得如此巨大，原因不是別的，只因為它開動起來了。

　　其實，人的威力也會變得巨大無比，許多令人難以想像的障礙也能被你輕鬆突破，當然前提是：你必須行動起來。不然，只知道空想，就如同停在鐵軌上的火車頭，連一塊小小的木塊也無法推開。

■真正的救世主是自己

「老天爺，幫幫我吧！求求你，可憐可憐我吧……」這是大多數人在遭遇逆境時習慣說的一句話。其實，與其求人，不如求己，因為自救更有效果，才能從根本上解決問題，而他人只能救你一時，不能救你一世。

某一年，天下大旱，動物們由於沒有儲備足夠的糧食，餓死者不計其數。於是，動物們紛紛向玉皇大帝禱告，懇請他賜一些食物下來，拯救饑荒中的動物。

玉皇大帝見狀，便命令太白金星下凡，為動物們送去一些馬鈴薯充飢。

野豬收到自己的那一份馬鈴薯後，來不及擦乾淨上面的泥土，便囫圇吞棗似地塞進了肚子裡。

小白兔忙著把馬鈴薯切成小片，不停地啃著。

除小松鼠外，大家都開始享受起自己應得的那一份馬鈴薯來。

小松鼠在乾裂的土地上，刨出一個個小土坑，把自己的那一份馬鈴薯一個個埋了進去，又去很遠的地方舀來水，澆灌著剛埋進地裡的馬鈴薯。

「傻小子，難道你不餓嗎？」打著飽嗝的野豬見小松鼠把馬鈴薯種進了地裡，不解地問。

「當然，我也很餓啊！」小松鼠摀著正在「咕咕」叫的肚皮，艱難地說。

「那你肯定是不喜歡吃馬鈴薯了？」

「不，我非常喜歡！」

「既然如此,你為什麼不吃掉馬鈴薯,反而種下了它們呢?」

「吃完了這幾個馬鈴薯,只能撐過一時,以後的日子怎麼辦?我種下它,到時候就能收穫很多!」小松鼠充滿希望地說。

從那以後,小松鼠只靠啃一點青草來充飢,牠每天都要到很遠的地方去挑水澆馬鈴薯,但牠做得很開心,因為牠知道旱災不知道到什麼時候才能結束,能幫助牠們度過危機的只有自己,玉皇大帝的恩賜只能解決暫時的困難。看著一天天長高的馬鈴薯苗,小松鼠相信自己能解決眼前的困難。

過了一段時間,吃光了馬鈴薯的動物們又因飢餓難忍,便聚集在一起,再一次乞求玉皇大帝賞賜一些食物。

這時,玉皇大帝現身了,他怒氣沖沖地說:「我只能救你們一時,不可能救你們一世,你們自己想辦法解決吧。我現在命令東海龍王下一場雨,上次你們如果種下了馬鈴薯,這次就能大有收穫了。」

結果,一場雨後,只有小松鼠收穫了馬鈴薯,而其他動物則只能靠草根充飢了。

從此以後,小松鼠過上了自給自足的好日子。

生活禪

　　小松鼠的精神也同樣值得我們人類學習。在災難來臨時,小松鼠不是「等」、「靠」、「要」,而是積極行動,依靠自己的力量和智慧來展開自救,並最終擺脫了困境,過上了幸福的生活。

　　　　從這個寓言故事中，我們可以明白這樣一個道理：真正的救世主是自己。因此，在遭遇困難時，不要過度依賴別人，而要自己想辦法解決，要知道，別人只能幫你一時，而真正的救世主是你自己。漫長的人生之路，要靠自己去走，靠自己去創造，靠自己去奮鬥。

　　　　就像古人曾留下的那首詩中所寫的一樣：「滴自己的汗，吃自己的飯，自己的事自己幹；靠天，靠地，靠祖宗，不算是好漢！」記住這句話吧，它能讓你受益一生。

■過去不等於未來

　　「上次我沒完成任務，這次把任務交給小王吧，他比我更有執行力。」

　　「不行，我設計的圖紙從未獲過獎，這次您把這麼重要的圖紙交給我來設計，我肯定無法勝任。」

　　「什麼？讓我去國外開拓市場？肯定沒辦法！我不是行銷專業的。」

　　「我想轉行，這一輩子再也不從事設計專業了。前幾天設計的方案，被老闆打槍了，我再也經不起這樣的失敗了！」……

　　生活中，有諸如此類想法的人很多，他們一旦在某一方面遭遇失敗，便認為自己「不行」、「不能」、「不可以」，其實有這種想法是錯誤的。

動物王國裡，老虎與獅子的拳擊比賽，再一次以老虎的失敗而告終。遭遇兩連敗的老虎已對拳擊比賽心灰意冷，牠決意遠離拳壇，去過一種流浪的日子。

一天，當老虎正在酒吧自酌自飲時，突然聽到鄰桌的小鹿對斑馬說：「喂，看到了嗎？坐在我們對面桌的，就是連續兩年被偉大的拳擊手獅子打下擂臺的那個傢伙。」

「連續兩年的失敗者，居然還有臉這裡喝酒！」斑馬也附和道。

老虎聽完牠們的議論後，更是羞愧萬分，牠沒有勇氣再在人多的地方待了，牠害怕再聽到人們的嘲笑。於是，便跑進深山裡，終日與老樹、枯藤為伴。

一天，過路的神發現了正在晒太陽的老虎，便問：「你在深山裡幹什麼？怎麼不練拳擊了？」

「我不再練拳擊了，練了也是白練。」

「為什麼？」神驚訝地問。

「我是個失敗者，已被獅子連續兩年擊敗！」

「那是你的過去，但過去不等於未來呀！」

老虎聽了神的話後，心有所悟。於是，老虎調整好自己的心態，走出深山，重新回到了拳擊臺。

在第三年的拳擊挑戰賽中，老虎終於戰勝了獅子，奪得了金腰帶，成了動物王國新一代最偉大的拳擊手。

生活禪

的確，正如神所言，過去不等於未來。因此，我們不能拘泥於過去，把自己限制在一個狹小的領域並深陷其中。過去的已永遠成為過去，只有未來，才是我們應該竭盡全力去爭取的。如果你昨天曾在感情上遭受到傷害，那麼今天你仍要鼓勵自己儘快走出情感的低谷，要相信這世上還有真情在；如果在工作上，自己好的建議沒被上司採納，也不要氣餒，日後再找合適的機會提出，只要你的建議有益於公司，相信上司終究會採納。

總之，不論你過去怎麼失敗，怎麼不幸，這都不重要，重要的是你對未來必須充滿希望。並及時調整好自己的心態，明確目標，樂觀積極地去行動，那麼成功就一定屬於你。

■風雨過後才能見彩虹

鑑真和尚剛剛剃度遁入空門時，寺廟裡的方丈讓他做了廟裡誰都不願做的行腳僧。

有一天，快到中午了，鑑真依舊大睡不起。方丈覺得很奇怪，便推開鑑真的房門，見床邊堆了一大堆破破爛爛的草鞋。方丈叫醒鑑真問：

「你今天不外出化緣，堆這堆破草鞋做什麼？」

「別人一年一雙草鞋都穿不破，我剛剃度一年多，就穿爛了這麼多的鞋子，我想，我也應該歇歇腳了。」鑑真打了個哈欠，懶懶地說。

方丈一聽就明白了，微微一笑，說：「昨天夜裡落了一場雨，你跟我到寺廟前的路上走走看看吧。」

寺廟前是一條黃土路，由於剛下過雨，路面泥濘不堪。

「你是願意做一天和尚撞一天鐘，還是想做一個能光大佛法的名僧？」方丈接著問鑑真說。

「我當然希望能光大佛法，做一代名僧。」鑑真認真地說。

「那你昨天是否在這條黃泥路上走過？」方丈又問道。

「當然。」

「那你現在能找到自己的腳印嗎？」

「昨天這路又平又硬，我哪能找到自己的腳印？」

「今天我們在這路上走一次，你還能找到你的腳印嗎？」

「當然能了。」

「在泥濘的路上才能留下腳印，世上芸芸眾生莫不如此啊！那些一生碌碌無為的人，不經風淋雨，沒有起也沒有伏，就像一雙腳踩在又坦又硬的大路上，腳步抬起，什麼也沒有留下，而那些經風淋雨的人，他們在艱難困苦中不停地跋涉，就像一雙腳行走在泥濘裡，他們走遠了，但腳印卻清晰地留在路上，印證著他們行走的價值。」方丈說。

鑑真聽後，發奮修行，終於成為一代高僧。

> **生活禪**
>
> 不經歷風雨，怎能見彩虹？
>
> 正如方丈所言，在平坦的大路上行走，是不會留下腳印的，只有走在泥濘的路上，才能留下腳印。
>
> 同樣的道理，如果你害怕困難，擔心磨難，而不願選擇經歷風雨的人生時，你就不可能有大的收穫。

■靠自己去成功

星巴克咖啡廳裡，李濤和張振武在一起聊天。

當李濤得知張振武剛剛獲得哲學博士學位時，便羨慕地說：「你的命真好啊！有個當教授的爸爸。所以，你現在能輕而易舉地拿到博士學位。而我呢，從小沒有父母，無依無靠，至今一事無成。其實，我是多麼地想成為一名博士啊！」

「朋友，成功是靠自己去爭取、去打拚的，不是上天或某一個人賜給你的。」張振武喝了一口茶，接著說「就拿我的博士學位來說吧，那是二十年寒窗換來的。當你攜著女友在月光下散步時，我正在苦讀；當你在美滋滋地享受生活中的各種樂趣時，我依然在苦讀……確實，我是有位當教授的父親，但他只負責提供我最基本的生活物質，就連學費，都有一部分是我自己勤工儉學掙來的。」

「如此說來，成功是一件很容易的事情了？不需要外界的任何說明？」李濤問。

「不，恰恰相反，成功不是你有了想法就能實現的。有時在外界的幫助下，可能減少你成功路上的阻礙。如果沒有幫助，失去了任何依靠，反而能讓一個人全力以赴，開掘自己所有的潛能，去獲取成功。」張振武回答說。

生活禪

成功是行動的果實，只想不做事或不思考的人，都有可能與成功無緣。

成功得靠自己去爭取，去打拚。把成功的希望完全寄託在外界的幫助下的人，即使他得到了幫助，也有可能與成功失之交臂。

「靠自己成功」，不是一句空洞的口號，而是決定你能否成功的關鍵之一。如果你自己不努力，不付出，不行動，那麼，即使你躺在機會堆裡，成功的大門也有可能永遠向你關閉！

■執著能打開成功之門

有這樣一個流傳了很久的故事：

兩個年輕人決定結伴而行，去南山上採靈芝，他們一個叫王五，另一個叫李四。當他們來到南山腳下時，卻發現通往南山的唯一道路被一個巨大的柵欄擋著，柵欄上開了一扇小門，但門上掛著一把鎖。很顯然，是有人特意鎖上了這道門的。

李四見門上的鎖鏽跡斑斑，便說：

「這守門人看來已離開很久了，沒有鑰匙，開不了門，我們還是回去吧。」

「我想再等等，再另外想想辦法。」王五說。

「等也沒有什麼用，我就先回去了。」說完，李四挎著空籃子，轉身獨自回家了。

王五等了好幾天，仍不見看門人來開門，便用力地捶打著小門，並同時大聲地喊道：「有人嗎？請給我開一下門吧。」可是依然沒有動靜。

王五沒有絲毫氣餒，他繼續捶打著小門，並不時叫喊著。當手掌拍打出了血，嗓子喊啞了時，他就用腳蹬。一下又一下⋯⋯

終於，守門人來了。

「請問，你為什麼要鎖住這門呢？」王五不解地問。

「孩子，這個你就不懂了。靈芝非一般之物，玉皇大帝豈能輕易讓人們採到手？如不經過一番磨難，那豈不是所有人都能得到這稀世之寶？雖

然很多人都想得到它，可大多數人都像你的同伴一樣，被這道小小的門嚇住了，從而望而卻步，失去了採摘的機會。」

「你知道李四回家了？」

「當然，我就站在不遠處。這幾天我也一直在觀察你，是你的執著感動了我，不然，這道門也不會為你打開的。」守門老人說完，為王五打開了緊鎖的門。

生活禪

　　幸運之神只青睞那些鍥而不捨、執著的追求者。一遇到困難就打退堂鼓的人，是永遠也不會戴上幸運花環的。

　　要謀事時，你一定要有決心、有恆心，要鍥而不捨，你的執著才能掃除成功路上的一切障礙。

▌動口不如動手

　　有一天，華盛頓身穿一件長至膝蓋的大衣，獨自一個人走出了營房。他所遇到的士兵，沒有一個人認出他。在陣地前方，他看到一個下士領著手下的士兵正在修築工事。

　　一位下士把自己的雙手插在衣袋裡，不停地對抬著巨大的石塊的士兵們發號施令。儘管這位下士的喉嚨都快要喊破了，士兵們經過多次努力，

還是不能把那塊石頭放到位置上。士兵們的力氣快要用完了，石塊眼看著就要滾下來了。

這時，華盛頓疾步上前，用他強勁的臂膀頂住石塊。

這一援助很及時，石塊終於放到了位置上。士兵們轉過身，擁抱華盛頓，並表示感謝。

「你為什麼光喊加油，而自己的雙手卻插在衣袋裡？」華盛頓問那個下士。

「你是在指責我嗎？難道你沒有看出我是這裡的下士？」那個下士斜著雙眼，背著雙手，傲慢地回答說。

華盛頓聽後，不慌不忙地解開自己的大衣紐扣，向那個傲氣十足的下士露出自己的軍服，說：「按衣服看，我就是上將。不過，下次再抬重東西時，你別忘了叫上我。」

那個下士這時才知道自己面前的人是華盛頓，他羞愧地低下了頭。

生活禪

華盛頓和下士的差別就在於華盛頓能以身作則，能用實際行動去感染他人，而不是用命令、用權威去壓迫他人。

行動的力量是無窮的，它遠遠要比你費盡心機與口舌給別人講道理、說服或命令別人按照你的指令做事會取得更好的效果。別人之所以願意為你服務，是由於被你的魅力所折服，他們執行你的命令，完全是出於他們的自願，這比任何策略都管用。

▋守衛你的職責

貝爾是瑞士一家飯店的房務接待，一個陰雨綿綿的早晨，一切都顯得格外的沉寂，就連電話也比往日少了許多。

貝爾把前一天的幾份訂單存底重新裝訂入冊，然後又回覆了兩份傳真。做這兩件事只用了不到十分鐘時間，最後貝爾坐下，心想可不可以利用這個時間下樓去吃份早餐，早晨上班時她走得匆忙，只在手提袋裡裝了兩顆柳橙。

貝爾猶豫了幾分鐘，還是起身離開了接待室。

二十分鐘後，貝爾返回，一切一如既往。她不知道一筆七十萬美元的生意就在她離開的時間，就在鈴響兩遍無人接聽後旁落他人了。

兩個月後，美國一家國際公司為期十五天的銷售年會在瑞士的另一飯店召開。這家飯店無論從設施還是口碑都與貝爾所在的飯店不相上下，甚至不如，但那半個月規模盛大的年會，以及來自世界各地的客人卻使那家飯店一時間變得輝煌而聞名起來。

客人依據什麼決定了那家飯店？在做出決定之前有沒有進行過選擇？他們進行了怎樣的選擇？貝爾所在飯店的老闆不能釋懷。

事後，經過多方了解才知道，那家國際公司在瑞士曾選出三家飯店作為備選，貝爾所在的飯店因兩次電話鈴響均無人接聽而第一輪便被淘汰出局。

知道事情原委後，貝爾流下了眼淚。為了嚴明公司制度，老闆將這位已工作了近六個年頭的員工辭退。

因有了第一次的愉快合作，美國公司的年會一連在那家飯店開了四屆。

生活禪

你不可能知道什麼時候會有事情突然發生，也不可能知道什麼時候必須做緊急決定，所以，唯一能夠應對的辦法就是在上班時間，百分之百地守衛你的崗位，守衛你的工作，守衛你的職責。

這是一人應該供職場的人士引以為誠的問題。不管你在什麼地方工作，也不管你是工作還是不工作，它都足以讓你終生獲益。

▌路在自己腳下

僅有成功的欲望還遠遠不足以得勝，我們要立刻行動，靠自己的力量，去實現自己大大小小的夢想，闖出一條屬於自己的路、屬於自己的一片天。

在一次火災中，一個小男孩被燒成重傷，雖經醫生全力搶救脫離了生命危險，但他的下半身卻毫無行動能力，沒有任何知覺。醫生悄悄地告訴他的媽媽，這孩子以後只能靠輪椅度日了。

　　出院後，媽媽每天都推著小男孩到院子裡去轉一轉。

　　一天，天氣十分晴朗，媽媽推著小男孩到院子呼吸新鮮空氣。媽媽有事突然離開了。天空是如此的美麗，藍得宛若水洗過一般；風兒輕柔地吹著，草地上盛開著各色的小花……

　　置身於花香鳥語的世界中，小男孩的心如同從沉睡中被喚醒，一股強烈的衝動不斷地從他的心底湧起，一個聲音在不停地呼喚：我一定要站起來！我一定要讓自己站起來！

　　於是，小男孩奮力推開輪椅，然後拖著無力的雙腿，用雙肘在草地上匍匐爬行前進。一步，二步……他終於爬到了籬笆牆邊；緊接著，他用盡全身力氣，努力地抓住籬笆牆站了起來，並且試著拉住籬笆牆往前行走。可沒走幾步，汗水已從額頭滾滾而下。小男孩停下來喘了口氣，咬緊牙關拖著雙腿再次出發，直到籬笆牆的盡頭。

　　每一天，每一天，小男孩都要抓緊籬笆牆練習走路。

　　可是一天天過去了，他的雙腿始終軟弱無力地垂著，沒有任何知覺。小男孩不甘心困於輪椅的生活，他握緊拳頭告訴自己，未來的日子裡，一定要靠自己的雙腿來走。

　　終於，在一天清晨，當他再次拖著無力的雙腿緊拉著籬笆行走時，一股鑽心的疼痛從下肢傳了過來。

　　那一刻，小男孩驚呆了，自從燒傷之後，自己的下半身就再也沒有任何知覺。小男孩懷疑是不是自己發生了錯覺，又試著走了兩步，沒錯，那種鑽心的疼痛又一次清晰地傳了過來。

　　小男孩的心狂喜地跳動著。他一遍又一遍地走著，盡情地享受著別人

避之唯恐不及的鑽心般的痛楚。

那以後，小男孩的身體恢復得很快，先是能夠慢慢地站起來，扶著籬笆走上幾步；漸漸地他便可以獨立行走了，最後有一天，他竟然在院子裡跑了起來。

自此，小男孩的生活與一般的男孩子再無兩樣。到他讀大學的時候，他還被選進了田徑隊。當他在校園裡健步如飛時，沒有人知道，他曾經是一個依靠輪椅度日的孩子。

小男孩就是後來的葛林‧康漢寧博士，他曾經跑出過全世界最好的成績。

生活禪

　　路就在自己腳下，要想獲取成功不是一件容易事。但在你把成功當作目標，而邁出你的安適地帶的那一天，你一定會發現 ── 艱難困苦、冒險以及勇敢會使生活更加美好，而這種美好完全超出了你曾有的設想。

第七章
美德是永不凋謝的花朵

　　有德行的人，不但能聞到花香，也能送給別人人格的芳香。美德是世上唯一永不凋謝的花朵，人的美德猶如名貴的檀香，透過烈火焚燒，會散發出最濃郁的芳香。當你在自己心裡種花時，怡人的清香將使你陶醉其中。

▋良心是上帝的聲音

懷有一顆善良的心，多行善事的人，必會得到好報。不管周圍的人言行如何，我們的本分就是要保持自己的善良，因為善良是歷史中稀有的珍珠，善良的人幾乎優於偉大的人。

地中海岸邊有個老鐵匠，為人十分誠實。他說過的話沒有一句虛假，他許下的諾言也從來沒有不兌現的。這份美德展現在他做的鐵器上。他打造鐵器的時候完全按照買主的要求，從不偷工減料。有時買主沒有什麼特殊的要求，他也會把鐵器打得又好又結實。特別是他打造的鐵鍊，比任何一家做得都結實。有人說他太老實了，但他不管這些，工作起來總是一絲不苟。

有一次，老鐵匠打造了一條巨鏈，打好後運去裝在一艘大海船的甲板上，做了主錨的鐵鍊，這艘航行遠洋的巨輪多少年都沒有機會用上它。

直到有一天晚上，海上風暴驟起，風高浪急，隨時有可能把船沖到礁石上撞個粉碎。船上其他鐵錨都放下去了，然而一點都沒有用，那些鐵鍊就像是紙做的，經不住風浪，全都斷開了。最後船長下令：把主錨拋下海去。

這條巨鏈，第一次從船上滑到海裡，全船的人都緊張地望著它，看看這條鐵鍊受不受得住風浪。全船一千多名乘客的安全都繫在這條鐵鍊上了。要是那位老鐵匠在打造這條鐵鍊時稍微有些馬虎，只要在鐵鍊的千百個鐵環上，有任何一環出現問題，船就有在大海裡沉沒的危險。老鐵匠在打造這條鐵鍊時和他打造其他無數條鐵鍊時一樣盡心盡力，用上了他全部的心智和力量。

這條鐵鍊經受住了風浪的考驗。船保住了，一直到風浪過去，黎明來臨。

這艘大海船的目的地正是老鐵匠所在的海港。逃脫大難的船長親自到老鐵匠處表示謝意。

聽完了船長感謝的話語後，老鐵匠很平靜地說：「我只是本著良心，盡力做好我分內的事。」

生活禪

縱觀生活中那些過得快樂、幸福的人，莫不是有良心的人，因為一個人有了良心，他就會憑著良心去做事，就會有正義感，就會有良好品性。

有一個印第安人，他對人說：「良心是一件像三角形的東西，藏在胸中，它的角度鋒芒是尖銳的，當我們最初做著違背良心、埋沒天良的事情，這鋒芒尖銳的角會刺激我們，使我們心裡感受痛苦，但日子長了，罪惡加深，見惡不怪，這良心的棱角會逐漸磨至鈍化圓滑，麻木不仁，我們的良心不再有感覺了。那正是罪惡滔天，不可遏止，終於把良心埋沒起來或喪失了的時候。」

所以，憑良心做事的人，因為問心無愧，他就是天底下最快樂、最自由的人。

■信用是立世的資本

一位哲人曾說：「信用如同高貴的名譽一樣重要。」在社會上，信用是一個人處世的資本，是社交場合的通行證；信用是一種承諾，一種保證，信用就是一諾千金，做人最根本的一條就是講信用。生活中，那些誠實守信的人，則會永遠受到人們的尊敬。

一五九六年，荷蘭人計劃了一次探險航行。在這次航行中，威廉‧巴倫支成為了舉世矚目的英雄，北冰洋西面的海洋也以他的名字命名。但是，讓人們久久難以忘懷的並不是巴倫支那傳奇般的探險經歷，而是那些無名水手的誠實與信用。

在探險隊啟程前，阿姆斯特丹的商人們，把一些準備與中國進行貿易交換的貨物裝上航船。

出人意料的是，當探險隊抵達北冰洋後，夏季結束，探險船被無情地凍結在冰水中。全體船員被迫登陸，他們在島上自己動手修建了木屋，苦苦等待春天的來臨。在極端惡劣的環境下，在飢寒交迫的困境中，一些水手由於飢餓和患病而不幸死去。第二年冰雪剛剛融化，探險隊就迫不及待地踏上了歸途。

但是，不幸接踵而來：由於長時間冰塊的衝撞與擠壓，造成了帆船破損，所有船員只得浸泡在齊腰深的冰冷的海水中。可即使在這從死神邊掙扎逃出的絕望時刻，船員們依然帶著那些他們原打算和中國人做生意的貨物。

當水手們獲救上岸後，他們所做的第一件事，就是把這些貨物都晾乾，以便在盡可能好的狀態下再把它們帶回阿姆斯特丹。儘管此時水手們

衣衫襤褸，不少人身患重病，在海風中瑟瑟發抖，但沒有一個人動用鐵箱中的衣物。

　　一五九七年十月二十九日，探險隊終於回到了自己的故鄉，這些深入到極北海域的探險隊員早已財盡囊空，但臨行前商人們所託付的貨物卻全部完璧歸趙。

生活禪

　　這些水手身上所體現的道德特質 —— 守信、誠實，在現代社會裡仍然適用，並且永遠適用，因為不管社會如何發展，人都不能夠離群索居，不可能不與他人打交道，不可能沒有朋友，而這一切的前提是信用。我們每個人身為社會的最小個體存在，雖然不能要求別人重守信用，但我們自己一定要做到真誠、守信，否則，你就不會獲得朋友的信任，妻子的忠貞，同事的支持……

　　著名的心理學家馬斯洛在研究大量著名人物的基礎上，總結出有成就者的健康個性特徵，其中第一條就是講信用。馬斯洛還指出，一個人要走向成功或者培養健康個性有八條途徑，其中就有兩條與信用相關。因此，要想成就一番事業，必須講信用，要想獲得朋友，也需講信用。就像一位哲人所言：講信用的人走到哪裡都受人尊重，受人歡迎。而不講信用的人，則會受到眾人的唾棄。

■安於自己的本分

安於自己的本分，似乎是一個簡單的要求，但很多人卻做不到這一點，因為他們品性中已隱藏了一些惡劣的成份，並且總要找出許多理由為自己不高尚的言行作辯解。在利益面前，他們不會顧忌貪婪的下場而常常鋌而走險，以至在遭受懲罰付出代價後，才知道守住本分的重要；在工作中，他們往往會放下目前本應該做好的事業不做，而去做一些不切實際的事，一無所成後，則怨天尤人，責怪命運不濟。他們不懂得，一個人如果認真去做自己分內的工作，就是守住了本分。

我們不能把本分當成老實，如果不守住本分，就會什麼也得不到。

一隻貓愛上了自己的主人，便請求愛神把自己變成一個女孩。愛神同意了牠的請求，將貓變成了一個美麗的少女。

主人見了後，便愛上了她。後來，他們便結婚了。

一天，愛神想看看貓變成了人後，是否也把習慣改變了。於是，愛神趁他們休息時，在臥室裡放了一隻老鼠。沒想到這個少女一見到老鼠，就完全忘了自己現在的身分，她立即跳下床，去追趕老鼠，並想把牠吃掉。

愛神見後，很是失望，便決定把她重新變回一隻貓。

「為什麼？」那隻貓不滿地問。

「做人最重要的是守本分，而你卻忘了做人的本分。所以，你只能永遠做一隻貓。」

生活禪

人越守本分就越美與可愛。本分就是本色,而本色是你做人的魅力所在。

守住本分,是做人的底線。那個由貓變成的人,一見到老鼠,想到有利可圖,便馬上忘了自己的身分,下床去追逐老鼠。因此,神決定懲罰他,讓他重新變成貓。這樣的結局,是自己一手造成的,因為牠不安於做人的本分。

本分是做人的基本準則,你若忘了本分,便同那隻貓一樣,即使變成外表華麗的人,也仍然改變不了粗俗的舉止。

▊美德是永不凋謝的花朵

在人的一生中,品格一直發揮著最重要的作用,它對人生的影響幾乎無處不在。一個人本質的好壞、最終的結局都往往取決於人的品格。

在社會上,一個人可以沒讀書,沒有能力,沒有財產和地位,但是,只要他具有純正而卓越的品格,就會贏得人們的尊重。

鳥類王國發生了一場瘟疫。經過啄木鳥醫生的調查,原來是山鷹夫婦到山下的村莊裡偷吃了農夫家的一隻雞,而此時,村莊正流行瘟疫,山鷹夫婦偷吃的那隻雞無疑也感染了瘟疫。

由於山鷹夫婦的偷竊，才導致了鳥類也感染了瘟疫。眼看著大批大批的鳥類因感染瘟疫而死去，那些健康的鳥兒們憤怒不已。牠們團團圍住了山鷹的家，想把山鷹夫婦一家殺死，作為懲罰。

這時，喜鵲突然發現了山鷹夫婦的兒子也在被包圍之中。便忙對大家說：「且慢，先把牠們的兒子放走吧。我認識這隻小山鷹，牠和牠父母不一樣，這隻小山鷹常保護山雞、烏鴉等其他鳥類，使牠們免受狐狸等野獸的迫害。所以，我們應該放了牠。」

眾鳥聽了喜鵲的話後，放出了山鷹夫婦的兒子，而且一擁而上，爭相與牠擁抱，感謝牠曾經給予其他鳥兒的幫助。

後來，山鷹夫婦死於百鳥們的攻擊中。而牠們的兒子，因其品德高尚，則被鳥兒們擁立為王。

生活禪

有怎樣的品德，就有怎樣的人生。德是立世的資本，一個道德敗壞的人，不管他如何聰明，如何精於世故，但也只會得勢一時，絕不會得勢一生。

守本分的老實人，雖然日子過得淡泊一些，但終究會得到社會的承認和回報，並且淡泊的日子才會長久，才會平安。

在生活中，那些具有高貴品格的人最受歡迎。如果你的品格讓大家排斥，你就永遠無法在眾人中立足，永遠也無法處於有利的地位。許多事業有成的商人或自由職業者之所以成功，就歸功於其有受人歡迎的高尚品格。

■ 自省是一面鏡子

自省，貴在自覺。一個人只有只有透過自律、反思、剖析、克制等等，才會靜下心來，客觀公正地評價自己，並能清楚地認知到自身的缺陷。一個人如果不懂得自省，或者缺乏主動的自省精神，這樣的後果就是盲目自大，以至遭遇損失時還一味抱怨他人，從不想想問題的根源就在自己身上。

蘇軾寫過一篇〈河豚魚說〉的故事，裡面說的是河裡的一條河豚，有一天游到一座橋下，卻不料一頭撞到了橋柱上。牠不責備自己不小心，也不打算繞過橋柱游過去，反而生起氣來，惱怒橋柱撞到牠。河豚氣得張開兩鰓，鼓起肚子，漂浮在水面，很長時間一動也不動。後來，一隻老鷹發現了牠，一把抓起了牠，轉眼間，這條河豚就成了老鷹的肚中之物。

故事中的這條河豚，自己不小心撞上了橋柱子，卻不知道反省自己、責備自己，不去改正自己的錯誤，反而惱怒別人，結果白白丟掉了自己的性命。

在現實生活中，有很多類似於河豚這樣的人，他們從來就沒有反省、檢查過自我，反而在遭受失敗或遇到其他不幸時就抱怨不已，美玲就是其中的一個。

美玲人生得漂亮，而且還接受過良好的教育，但不幸的是她有過一次失敗的婚姻。不過，由於她的美貌，雖然離過一次婚，但身邊卻不乏追求者。然而遺憾的是，美玲卻總是感到自卑，對自己信心不足，認為自己配不上那些追求者，因此許多戀情都無疾而終。

為了讓自己心理上有優越感，為了能加重自身的「砝碼」，美玲開始

到處求助整形醫生，希望自己能美麗一點，再美麗一點。但整容醫生告訴她：「你已經很美了，不再需要任何整容。」美玲無法接受整容醫生的忠告，她又來到另一個城市，去求助那裡的整容醫生……

如今，美玲仍舊美麗，但她心理上的問題並未因此改善，她還是不快樂，還是在男士面前自卑，還是對婚姻缺乏安全感。

事實上，一個人美麗與否並不能決定婚姻關係的品質，更不能保證婚姻的穩固性。但美玲卻沒有進行自省，沒有認真思考自己婚姻失敗的原因到底是什麼，反而本末倒置地去求助整容醫生。其實，需要「整容」的是她的內心，而非她的外表。如果美玲沒有意識到這一點，那麼無論她怎麼整容，怎麼漂亮，她對婚姻都不會有安全感。

可見，自省對我們來說是何等的重要！不自省，就無法認知到自己的缺點與不足；就無法認知到自己的愚昧與無知。

自省的過程是一個自我檢討、自我反思、自我提高的過程。透過這個過程了解自己，打掃洗滌自己大腦中的汙垢和灰塵，就可以少犯錯誤，使自己的品德日臻完善。唐太宗李世民曾以「以銅為鏡，可以正衣冠；以史為鏡，可以知興衰；以人為鏡，可以明得失。」來自省。古代帝王尚能如此，我們現代人沒有理由不做得更好。

生活禪

「金無赤金，人無完人。」世界上沒有十全十美的人，每個人都會有缺點和不足。一個懂得自律的人應該經常檢查自己，對自己的言行進行反思，糾正錯誤，改正缺點，這是嚴於律己

的表現，是不斷取得進步的重要方法和途徑。正如海涅所言：
「反省是一面鏡子，它能將我們的錯誤清清楚楚地照出來，使
我們有改正的機會。」因此，無論你是偉人還是平凡的老百
姓，我們都應該學會反省，並且經常自我反省，這對我們每個
人來說都非常重要。

▌在利益面前要克制自己

在寒冷的北極冰原上，一位因紐特人在堅硬的冰上鑿了一個洞，然後
把隨身攜帶的一把鋒利的刀的刀柄埋進洞裡，讓刀刃露出洞口，並在刀刃
上塗抹一層鮮血，最後用冰塊把刀子埋好。

不一會，寒冷的天氣就把這個小雪堆凍成了一個冰塊。因紐特人滿意
地看看冰塊，並往上面灑了一點雪，便轉身回家了。

因紐特人走後不久，一隻飢餓的狼聞到了血腥味，牠很快就找到了冰
塊，狼以為冰塊裡是一隻因受傷而死去的小動物，於是便毫不猶豫地用自
己的舌頭舔冰堆上的血跡，牠希望將冰堆舔開，以刨出埋在裡面的食物。

一會，狼就舔到了刀尖，但這時，牠的舌頭因為舔了冰塊的原因，已
經被冰得麻木了，沒有了知覺，但狼的嗅覺並沒有受到干擾，牠聞到的血
腥味越來越濃。狼欣喜若狂，牠認為美味的食物就要到嘴了，於是舔食冰
塊的速度越來越快。

餓狼的舌頭在刀尖上舔來舔去，牠自己的血越流越多，血腥味又刺激著牠更加瘋狂地賣力地舔下去。

最後，失血過多的狼倒在了冰雪裡，就在奄奄一息時，因紐特人來到了狼的身邊。

「你太殘忍、太卑鄙了！竟然用如此下流的手段來對付我。」餓狼掙扎著，用最後一絲力氣對因紐特人說。

「不，不是我殘忍，而是你太愚蠢，你是死在你自己的貪欲下的。」因紐特人說完，把剩下最後一口氣的狼扔到了狗拉的雪撬上。

生活禪

貪婪是一顆毒瘤，不知足的人只想著怎樣去擁有更多，卻沒有想到在得到的同時也會失去。如果在利益面前不知道克制自己，而是一味瘋狂的索取，那麼最終會為自己的貪婪付出沉重的代價。

貪婪是一枚苦果，誰採摘了它，誰就會受到懲罰。

▌人生最大的資本是品行

在一個冬天的晚上，一位商人在一家醫院探望自己生病的父親後，又急匆匆趕去赴一個約會。在經過醫院的走廊時，他腋下夾著的皮包掉了，但這位商人卻沒有覺察到，因為他腋下同時還夾著商業談判計畫書和一份晚報。

到了約會地點後，商人才發現皮包不見了。商人很著急，連忙回頭去找，因為皮包裡不僅有十萬美元，還有一份攸關公司生死存亡的商業機密。

當商人趕到那家醫院時，他一眼就看到，清冷的醫院走廊裡，靠牆蹲著一個凍得瑟瑟發抖的瘦弱女孩，在她懷中緊緊抱著的正是他自己丟的那個皮包。

原來，這個叫西亞娜的女孩，是來這家醫院陪病重的媽媽治病的。相依為命的母女倆家裡很窮，賣了所有能賣的東西，湊來的錢還是僅夠一個晚上的醫藥費。沒有錢，媽媽明天就得被趕出醫院。

晚上，無能為力的西亞娜在醫院走廊裡徘徊，她天真地想求上帝保佑，能碰上一個好心人救救她的媽媽。

突然，一個從樓上下來的中年男人經過走廊時腋下的一個皮包掉在了地上，可能是他腋下還有別的東西，皮包掉了竟毫無知覺。

當時，走廊裡只有西亞娜一個人。她走過去撿起皮包，急忙追出門外，那位男士卻上了一輛轎車走了。

西亞娜回到病房，當她打開那個皮包時，她和媽媽都被裡面成疊的鈔

票驚呆了。那一刻，她們心裡都明白，用這些錢可能治好媽媽的病。

但是，媽媽卻讓西亞娜把皮包送回走廊去，等丟皮包的人回來取。媽媽說：「丟錢的人一定很著急。人的一生最該做的就是幫助別人，急他人所急；最不該做的是貪圖不義之財，見財忘義。」

雖然商人盡了最大的努力，這位母親還是拋下可憐的西亞娜撒手人寰。。

西亞娜母女倆不僅幫商人挽回了十萬美元的損失，更主要的是那份失而復得的市場資訊，使商人的生意如日中天，不久就成了大富翁。

被商人收養的西亞娜，讀完大學就協助富翁處理商務。雖然富翁一直沒委任她任何實際職務，但在長期的歷練中，富翁的智慧和經驗潛移默化地影響了她，使她成了一個成熟的商業人才。到富翁晚年時，他的很多決策都要徵求西亞娜的意見。

富翁臨危之際，留下一份令人驚奇的遺囑：「在我認識西亞娜母女之前我就已經很有錢了。可當我站在貧病交加卻拾鉅款而不昧的母女面前時，我發現她們最富有，因為她們恪守著至高無上的人生準則，這正是我身為商人最缺少的，我的錢幾乎都是爾虞我詐、明爭暗鬥得來的，是她們使我領悟到了人生最大的資本是品行。」

「我收養西亞娜既不為知恩圖報，也不是出於同情。而是請了一個做人的楷模。有她在我的身邊，生意場上我會時刻銘記，哪些該做，哪些不該做，什麼錢該賺，什麼錢不該賺。這就是我後來的業績興旺發達的根本原因，我成了億萬富翁。我死後，我的億萬資產全部留給西亞娜繼承。這不是饋贈，而是為了我的事業能更加輝煌昌盛。」

生活禪

　　弗‧桑德斯曾說：「品格能決定人生，它比天資更重要。」
西亞娜之所以能從一個孤女逐步成為商業人士，並進而繼承了
商人巨額的財產，這一切皆緣於她有良好的品德。

　　最美好的品德總是在逆境中顯示出來的。假如西亞娜在拾
到那筆錢後，把它據為己有，也許沒有人公開站出來指責她，
因為沒有人知道她撿了那個皮包，但是，在道德法庭上，她一
輩子將會受到良心的譴責，而這樣的人生，還有什麼意義呢？

　　因此，面對飛來的橫財，你有什麼樣的選擇，就能彰顯出
你有什麼樣的品德，而你的品德將決定你一生的成敗！

▌真正的風度

　　夏原吉，湖南湘陰人，是明宣宗時的宰相。為人寬厚、豁達，素有君
子之風。

　　有一次，夏原吉巡視蘇州，婉言謝絕了地方官的招待，只在客店裡進
食。廚師做的菜太鹹，使他無法入口，他僅吃些白飯充飢，並不說出原
因，以免廚師受責。

　　隨後，夏原吉巡視淮陰，在野外休息的時候，不料馬突然跑了，隨從
追去了好久，都不見回來。夏原吉不免有些擔心。

此時剛好有人路過，夏原吉便上前問道：「請問你看見前面有人在追馬嗎？」

話剛說完，沒想到那人卻怒目對他答道：「誰管你追馬追牛？走開！我還要趕路。我看你真像一頭笨牛！」

這時，隨從正好追馬回來，一聽這話，立刻抓住那人，厲聲喝斥，並要他跪下向宰相賠禮。

可是夏原吉阻止道：「算了吧！他也許是趕路辛苦了，所以才急不擇言。」便笑著把路人放走。

有一天，一個老僕人弄髒了皇帝賜給他的金縷衣。嚇得準備逃跑。

夏原吉知道了，便對他說：「衣服弄髒了，可以清洗，怕什麼？你就安心留在府裡吧。」

又有一次，一位剛進相府不久的年輕僕人，在替他收拾書房時，不小心打破了他心愛的硯臺，一直躲著不敢見他。

夏原吉便派人安慰他說：「任何東西都有損壞的時候，我並不在意這件事呀！」

因此，夏原吉家中不論上下，都很和睦的相處。

當夏原吉告老還鄉的時候，寄居途中旅館，一隻襪子溼了，命人拿去烘乾。一時不慎，襪子被火燒了，這個人卻不敢報告夏原吉。

過了好久，才託人情請罪。夏原吉笑著說：「怎麼不早告訴我呢？」就把剩下的一隻襪子也丟在垃圾桶裡。

夏原吉回到家鄉以後，每天和農人、樵夫一起談天說笑，顯得非常親切，不知道的人，誰也看不出他是曾經做過朝廷宰相的人。

生活禪

《菜根譚》一書中曾說：「徑路窄處，留一步與人行；滋味濃的，減三分讓人嘗。」此是涉世一極安樂法。這句話旨在說明做人要有平和、謙讓的美德。在道路狹窄之處，應該停下來讓人一步。只要心中常有這樣的想法，那麼人生就會快樂安詳。

也許你沒有夏原吉那麼高的職位，也許你只是一個平凡的人，但是，你一定能像他那樣具有忍讓、寬容的美德。這一點，平凡人也能做到。

▌不是所有的人都認可你

有這樣一個寓言故事：

一隻蒼蠅停在大象的背上。

蒼蠅見大象對自己的到來沒有任何反應，便說：

「喂，我來了好半天了，你一直沒有反應，現在我決定走了，你捨得嗎？」

「你什麼時候來的，我根本不知道，你走了，我也不會覺得失去了什麼，請隨便！」大象聽後，冷冷地說。

　　自己重不重要，是由別人評價和肯定的，那種自我感覺良好，到處吹噓的人，只會得到別人的冷遇和白眼。

　　無獨有偶，人類中也有一些把自己看得太重、太當回事的人，布斯·塔金頓就是其中之一。

　　布思·塔金頓是二十世紀美國著名小說家和劇作家，他的作品《安培遜大族》和《艾麗絲·亞當》均獲得普利茲獎。

　　在塔金頓聲名最鼎盛時期，他在多種場合講述過這樣一個故事：

　　那是在一個紅十字會舉辦的藝術家作品展覽會上，塔金頓身為特邀的貴賓參加了展覽會。其間，有兩個可愛的十六七歲的小女孩來到他面前，虔誠地向他索要簽名。

　　「我沒帶原子筆，用鉛筆可以嗎？」塔金頓其實知道她們不會拒絕，他只是想表現一下一個著名作家謙和地對待普通讀者的大家風範。

　　「當然可以。」小女孩們果然爽快地答應了，塔金頓看得出她們很興奮，當然她們的興奮也使自己倍感欣慰。

　　一個女孩將她的非常精緻的筆記本遞給塔金頓。塔金頓取出鉛筆，瀟灑自如地寫上了幾句鼓勵的話語，並簽上自己的名字。

　　女孩看過塔金頓的簽名後，眉頭皺了起來，她仔細看了看他，問道：「你不是羅伯特·查波斯啊？」

　　「不是，」塔金頓非常自負地告訴她，「我是布斯·塔金頓，《艾麗絲·亞當》的作者，兩次普利茲獎獲得者。」

　　小女孩將頭轉向另外一個女孩，聳聳肩說道：「瑪麗，把你的橡皮擦借給我用用。」

　　那一刻，塔金頓所有的自負和驕傲瞬間化為泡影。

從此以後，塔金頓都時時刻刻告誡自己：無論自己多麼出色，都別太把自己當回事。

生活禪

當一個人經常自我感覺良好，覺得自己極有「份量」，理應會受到別人尊崇時，他就有可能會遭受到別人的輕視，就象布斯・塔金頓一樣。可見，即使你在社會上真的是一名重量級的人物，你也不能以此為傲，更不能把驕傲和自負的情緒表露出來，因為不是所有的人都會認可你，更不是所有的人都會如你想像的那樣對你頂禮膜拜，尊崇備至。謙虛、內斂適合所有人，當然，也包括那些大人物。

▊成全他人

小時候，惠特曼住在加拿大的鄉下時，發生過一件事：一位鄰居的太太去世，鰥夫整日酗酒，根本不管孩子。

村中有位寡婦把那家的一個男孩帶回自己家。她很貧窮又沒上過學，但卻竭盡全力照顧這個渾身發抖、性情孤僻的孩子。

那個男孩好像轉瞬間變了，個子長高了，性格也開朗了，但是惠特曼和其他的孩子都與這個男孩不熟，誰也不跟他講話，這使他很自卑。

有一天，男孩的養母看見惠特曼等人在玩耍，而那孩子卻躲在一邊抽泣，沒人理睬。她把他帶回屋裡，然而對惠特曼等人大動肝火：「不准你們這樣待他！這孩子也是人。現在的生活會影響他的一生，每次我使他稍微抬起頭來，你們又把他壓下去。你們不想讓他活嗎？」

許多年過去，惠特曼總也忘不了這件事。它使惠特曼第一次領到深刻而嚴肅的人生哲理 —— 人能成全他人，也能毀棄他人；互相幫助能使人奮發向上，互相抱怨會使人退縮不前。人與人之間的這種影響，就像陽光與寒霜對田野的影響一樣，每個人都會隨時發出一種呼喚，促使別人榮辱毀譽，生死成敗。

生活禪

成全他人不是一件困難的事，甚至是你的一次舉手之勞，一個善意的微笑，一個鼓勵的眼神，一句溫暖的話。遺憾的是，有些人總認為成全他人就會犧牲自己的某些利益。其實不然，比如你不再在單位裡為一筆數目很小的獎金而與同事爭個你死我活時，你不會失去什麼，因為你原先擁有的東西沒有失去一絲一毫，而同事則上有生病的母親，下有上學的孩子，你為何不成全他呢？成全他人，就是成全自己。

▌選擇和平

　　沒有人喜歡戰爭。但是，戰爭還是經常性地在這個地球上發生，而引發戰爭的導火線就是我們人類。有些人喜歡對一些無足輕重的小事或他人的無心之過小題大做，做出強烈的反應，但心胸狹隘帶來的後果不僅會給他人帶來災難，同時也會影響自己的幸福生活。

　　戰爭是一個嚴肅的問題，但引起戰爭的原因往往是一些無足輕重的小事。

　　瑞典於一六五四年與波蘭開戰，原因是瑞典國王發現在一份官方文書中他的名字前面只有兩個頭銜，而波蘭國王的名字後面卻有三個；

　　大約在九百年前，一場蹂躪了整個歐洲的戰爭竟然是因為摩德納與波洛尼亞這兩個義大利城市的人為爭奪一個打井水的木桶而爆發的；

　　因為不小心把一個玻璃杯裡的水濺在了托萊侯爵的頭上，就導致了一場英法大戰；

　　因為一個小男孩向格魯伊斯公爵扔鵝卵石，就導致了瓦西大屠殺和三十年的戰爭。

　　仔細想一下，現實生活中類似這樣的事情還真是不少。

　　當然，正面的例子也不勝枚舉：遠的有印度聖雄甘地，近的有南非前總統曼德拉。由於領導南非人民爭取平等的權利，曼德拉被南非白人政權關押了二十七年之久，直至一九九〇年於七十二歲高齡時出獄。出獄後，曼德拉沒有怨天尤人，並拒絕對白人採取報復行為，而是堅持與白人一起建立新南非。現在南非黑人可以在任何地方居住、工作，可以自由地追逐

夢想。正是由於曼德拉犧牲了生命中的大部分時間才有了這些變化。在擔任了南非國大副主席後，他與當時的白人政府總統德克勒克合作，終於於一九九一年徹底結束了南非的種族隔離制度，他們二人也因此獲得了當年的諾貝爾和平獎。

生活中，每天都在發生有形無形的「戰爭」。說起來雞零狗碎、雞毛蒜皮，說多了還真讓人白眼，讓人笑話。然而，每個人每天都在生活的粗俗和瑣碎之中經受著考驗。事實上，許多時候，將人們擊垮的並不是那些看似滅頂之災的挑戰，而是一些微不足道的雞毛蒜皮的小事。人們的大部分時間和精力無休止地消耗在這些「雞毛蒜皮」之中，最終讓大部分人一生一事無成。

生活要求人們不斷地清點自己，整理自己，看看自己每天忙忙碌碌中，到底哪些是重要的，是必要的，哪些是無足輕重的，或是無須勞神的。然後，果斷地將那些無益的事情統統拋棄掉，不要再去理會。

生活禪

　　我們都是平凡人，雖然我們每個人不大可能因為一點小事而發動一場戰爭，但我們肯定會因為一些小事而使自己及周圍的人不愉快。如果一個人總是以敵視的眼光看人，對周圍的人戒備森嚴，心胸窄小，處處設防，不能寬大為懷，必然會因孤獨而陷於憂鬱和痛苦之中；而寬宏大量，與人為善，寬容待人，能主動為他人著想，肯關心和幫助別人的人，則討人喜歡，被人接納，受人尊重，具有魅力，而這樣的人生，一定是幸福的人生。

■適當地接受某些束縛

一個人如果只是自由做傻事，使自己蒙羞被難，那配得上說是自由嗎？脫離了理性的指導，而且不受觀察和判斷的限制，使自己不能免於選擇最壞的或實行最壞的，那並不是自由。

如果那是自由，是真正的自由，則瘋子和愚人可以說是世界上唯一的自由人。一個人如果有一種能力，可能按照自己內心的選擇和指導，來思想或不思想，來運動或不運動，則他可以說是自由的。如果一種動作的施展和停頓不是相應地跟著人心的選擇和指導，則那種動作即便是自願的，也不是自由的。因此，所謂自由觀念就是，一個人有能力按照自己的心理決定或思想，實現或停頓一種特殊行為。離了思想，離了意志，就無所謂自由。

從前，有一個年輕人，他追求一種不切實際的，完全自由自在的生活，他討厭而且痛恨生活對他的任何束縛。

他討厭理髮師對他的擺弄，因而他拒絕理髮，一任頭髮鬍鬚自由地瘋長。

他討厭洗澡時受水的沖刷和毛巾的搓擦，因而他拒絕洗澡，任由汙垢滿身，蝨子亂爬。

他討厭鞋子、襪子對他的約束，因而他拒絕穿襪，把鞋子也脫掉扔了。

他討厭身上衣服對他的束縛，因而他把上衣脫下扔了，打著赤膊。

現在，他只剩下腰中皮帶和下身褲子的束縛了。

一天，他對皮帶說：

「你給我滾開吧！你為什麼總是這麼緊緊地約束著我？我討厭你！」

「可是，假如你失去我這唯一的約束，你就可能完全失去了你的人格！」皮帶警告道。

「胡說！你給我滾得遠遠的！」年輕人找來一把剪刀，毫不遲疑的剪斷了皮帶。

可想而知，皮帶斷了，褲子當然滑落了。年輕人喜不自勝 —— 為解脫了全身的任何約束而高興異常。

然而，沒有多久，人們就把他當作一個精神病人關進了病房。所有的約束他都無法抗拒了 —— 他被徹底地約束了。

生活禪

在生活中，如果你不願接受某些制約，而是一味盲目地追求絕對的自由，並放棄所有的約束，這樣的結果是：人們不是把你當成白痴，就是把你當成瘋子。

所謂自由是相對的，人不可能完全不受約束。在學校裡，你得遵守校規，才算是一個好學生；在公司裡，你必須積極主動地去完成工作，才算得上一個優秀的員工；在社會上，你只有完全遵守各種法律法規，才能算是一個合格的公民。

其實，接受某些束縛，你可能會更完美。

▌不要輕視弱者

野豬很瞧不起黃鼠狼，而且常常故意用嘴拱壞黃鼠狼的洞。為此，黃鼠狼幾次到獅王那裡，狀告野豬的野蠻行為。

獅王經過調查後發現，黃鼠狼所說的都是事實後，便責罰了野豬，命牠沒事做的時候，便不停地磨自己的牙。

懾於獅王的威風，野豬有一段日子變得乖巧，沒去騷擾黃鼠狼，而是真的在樹幹上磨牙，黃鼠狼因此過了一段安穩的日子。

後來，野豬見獅王放鬆了對自己的管制，趁黃鼠狼外出捕食的時後，牠又一次把黃鼠狼的洞拱了底朝天，並吃掉了黃鼠狼的三個孩子。

黃鼠狼回家時，剛好看到了這一切，悲憤之餘，牠猛地朝野豬衝了過去，正對著野豬放了一個響屁，野豬立即被這突來的臭氣熏倒了。等野豬醒來時，已失去了一隻眼睛，牠知道這是黃鼠狼的傑作，待牠起身去尋找黃鼠狼報復時，黃鼠狼早已逃得無影無蹤了。

「野豬多麼笨啊，一個龐然大物，竟然敗在一隻小小的黃鼠狼手下！」狐狸就常笑著對兒子說。

瞎了一隻眼的野豬成了其他動物茶餘飯後的笑料。

生活禪

任何輕視弱者，欺負弱者的行為，都是可恥的，你一定要記住這句話，和野豬比起來，黃鼠狼是絕對的弱者，但弱者不等於「弱智」，弱者也有自尊心，他的忍耐也是有限度的。因此，龐大的野豬最終敗給了小小的黃鼠狼，就不足為奇了。

> 走上社會後，一個人的行為太過激，或損害到他人的根本利益時，即使對方是弱者，他也會奮起反抗，而那些所謂的強者，則有可能永遠地倒在弱者的腳下，並且永遠也沒有翻身的機會。

■最有價值的是學問

從前，在一座城市中，有兩個市民為不同的意見而發生爭論。一個人貧困而有學問，另一個人富有但十分無知。富翁想貶低窮人，他認為一切聰明人都應該尊重他，說不尊重他的人就是傻瓜。「我的朋友，」富翁對窮人說道，「你覺得自己應該受到別人的尊重，但請你對我講，你舉辦過宴會嗎？你這種人，斷文識字又能怎麼樣？你們總是住在破房子裡，一年四季所穿的衣服沒有任何變化，你的僕人就是隨身的影子。而我們呢，只有我們使勁花錢享受，才能保證裁縫、傭人、手藝人、商人，還有你們這些把自己拿不出手的作品送給他人的人有飯吃。」窮人有很多的道理可反駁富人，但他不願與富人多費口舌。因此，富人心裡更為得意了。

後來，一場洪水摧毀了富人和窮人的住宅，兩人都背井離鄉離開了家。沒學問的富人已淪為乞丐遭人唾棄，而貧窮的讀書人仍受人尊重和熱情款待。

他們之間的爭端也就劃上了一個句號。

生活禪

　　滄海桑田，最經得住考驗的，永遠也不會貶值的，只有學問。不管人們如何貶低它，學問的價值始終與日俱增。

　　你可以沒有金錢，沒有地位，但不能沒有知識，豐富的知識加上良好的個人修養，會讓你的品德增色，會讓你受到他人的尊重。

▍切忌追求外在的浮華

　　一隻鳳凰從南方向北方飛。

　　途中，牠停在一片林子裡休息。烏鴉、老鷹等見了牠，都稱讚牠漂亮、高貴、有氣質。鳳凰聽到誇獎後，心裡很是高興，便決定留下來，和這些鳥兒們一起作鄰居。

　　時間一長，鳳凰便厭倦了，因為牠覺得除了自己外，其他的鳥兒都醜陋不堪，不配與自己為伍。於是，鳳凰又展開翅膀，決定繼續往北飛，去尋找能與自己匹配的鳥兒為伴。

　　飛行途中，牠碰到了一群南飛的大雁。領頭的大雁對牠說：「你這麼漂亮，怎麼往北方飛呢？」

　　「南方的鳥兒都長得太難看了，我與牠們在一起生活，會降低我的身

分的。」鳳凰說完，又準備向北飛去。

「可是，朋友，北方天氣開始變冷，你飛到那裡去，你怎麼過冬呀？還是和我們一起回南方吧。」領頭的大雁真誠地對鳳凰說。

「算了吧，我才不聽你的鬼話！你是嫉妒我比你漂亮，才騙我的吧。」鳳凰說完，固執地向北方飛去。

冬天到了，北方的林子裡樹葉紛紛落下，鳳凰的羽毛也隨著季節的變化落下了許多，根本無法禦寒了。鳳凰匆忙地為自己蓋了一個窩，可還是抵擋不住北方的嚴寒。

一場大雪過後，鳳凰凍死在自己的窩裡。

生活禪

一個人外貌固然很重要，但更重要的是他的品德。一般情況下，一個人很難做到內外俱佳。外在的美，是天生的，無法選擇；而內在的美，是可以透過自身修煉而提高的。

你應該加強內心的修養，而切忌一味追求外在的浮華，因為人活著只能靠自己，也只有自己清楚哪些東西對自己有幫助，哪些東西對自己可有可無。

▌放縱自己便是毀滅自己

一天，獅子見一個年輕人正在抽菸，便上前好奇地問：

「先生，我常見你們人類抽這個東西，它對身體有什麼好處嗎？」

「當然，抽菸可以提神醒腦，提高工作效率！」年輕人神祕地說。

「真的有如此功效嗎？」

「是啊，你沒聽我們人類常說那句『飯後一支菸，賽過活神仙』嗎？」

「既然如此，你能不能給我一根嘗嘗。」

「沒問題。」年輕人爽快地給了獅子一根，並殷勤地替牠點上了火。

「啊，真舒服，還是你們人類會享受。」獅子說完，掏出自己身上的金幣，買下了年輕人身上所有的菸。

幾天後，獅子就吸完了所買的菸，本來不想再去找人類購買，可癮上來了，不吸就覺得全身難受。

於是，獅子強打起精神，拿起幾枚金幣，再一次來到了上次碰到年輕人的地方。一看，年輕人果真在那裡抽菸，獅子毫不猶豫地又買下了年輕人身上的全部菸。

後來，獅子發現只要不抽菸，便全身難受，而一旦抽上一口，便立馬來了精神，牠明白了年輕人給牠的不是什麼菸，而是傳說中的「海洛因」。而此時，牠已中毒太深了。

雖然獅子好幾次下定決心戒掉，可每一次毒癮上來時，牠就對自己說：

「這是最後一次，這是最後一次。」

可是，獅子已沒有最後一次了。當獅子再一次毒癮發作，去找賣「菸」的年輕人時，因四肢無力，頭昏眼花，牠被一群胡狼圍攻。此時的獅子早已沒有了往日的威風了。二個回合後，獅子便斃命於胡狼的利齒之下。

一次放縱，便會終身埋下禍根。

生活禪

很多人都能輕而易舉地制服別人，卻怎麼也制服不了自己。雖然知道放縱的結果，可還是抵擋不住外界的誘惑而墮落。

其實，當你發現自己的「心魔」控制了自己時，只要你有毅力，就能用意志去控制它，消滅它；反之，如果你放縱了它，它就會消滅你。如同寓言中的獅子一樣，放縱了自己，最終卻毀滅了自己。

▌主動表示友好

有這樣一個大家都很熟悉的寓言故事：

北風和南風比威力，看誰能把行人身上的大衣脫掉。

北風首先吹起一陣冷風，寒冷刺骨，結果行人反而把大衣裹得緊緊的。

南風則徐徐吹動，頓時風和日麗，行人立刻覺得春意上身，繼而解開鈕扣，脫掉了大衣。

溫暖勝於嚴寒，最終南風獲得了勝利。

然而，在現實生活中，當我們想讓別人改變他們的行為時，卻總是習慣於用冰冷的語氣和冷漠的表情去對待他們，因為他們認為這樣更能迫使對方就範。其實，這種行為是錯誤的，因為壓迫只會招來對方更強烈的反抗。而主動表示友好，則能「化干戈為玉帛」。

動物王國裡，有一隻年邁的山羊，因體力不支而無法像其他山羊那樣，到山坡上去吃青草。因此，牠就在房屋的後面開墾出一塊地來，種上了玉米和花生。

秋天到了，老山羊收穫了很多的玉米和花生。牠準備把這些糧食儲存起來，作為過冬的食物。而那些四處吃青草的山羊們，都沒有為自己準備過冬的草料。

一場突如其來的大雪封鎖整個山林和下山的道路。山羊們因無法覓食而飢餓難忍。這時，牠們聞到了從老山羊家裡飄出炒花生的香味，便把對老天的怨恨轉向了老山羊。

「憑什麼牠在家裡有花生吃，而我們卻在受凍受餓？」一隻小山羊說。

「哼！當初牠開墾出的那塊地，應該屬於我們所有領土中的一部分，那塊地上長出的糧食，也應該屬於集體財產，憑什麼牠一個人獨吞？」另一隻年輕的山羊也憤憤不平的說。

「對，那塊地上產出的糧食，應該屬於我們大夥。走，我們找老山羊算帳去。牠如果不分給我們糧食，我們就拆掉牠的房子，把牠逐出山林。」山羊們紛紛叫嚷道。

最後，帶隊的山羊決定：明天一大早，便率領眾山羊到老山羊那裡討還糧食。如果不給，牠們將用武力征服老山羊。

第二天一大早，眾羊們都早早起床，準備去老山羊家。可當牠們打開自家大門時，都驚奇地發現在自家門口，放著幾根玉米棒子和一堆花生。眾山羊們看著這一堆堆糧食，都羞愧地低下了頭。

原來，老山羊看到天氣驟冷，想到大家肯定沒有過冬的草料，而自己的糧食卻儲藏得很豐富。這樣一來，肯定會遭到眾山羊的嫉妒甚至是怨恨，與其讓牠們來搶，還不如主動送給牠們，這樣或許還能贏得他們的友誼。如此一想，老山羊就把剩餘的糧食平分給了眾山羊。

由此可見，在人性中，比嚴厲更能征服人心的「武器」是愛、關懷、幫助。

生活禪

只要你有所付出，毫不吝嗇地獻出自己的愛心，你就會得到同樣的愛心回報。在公司裡，老闆會因你是一個有愛心的人

而賞識你，同事們會因你是一個有愛心的人而親近你。走上社會，你的鄰居會因你的愛心而對你報以微笑，陌生人會因你的愛心而向你投來友善的眼光……

一個人只要肯為別人付出，他就會生活在快樂之中，如果你養成付出、奉獻的習慣，你就會擁有心靈和財富的富足。

總之，你從別人那裡獲得的任何東西都是你原先付出的東西的回報。

▋別做有損他人的事情

人類行為都是他自己的一面鏡子。當你用熱情對待別人時，你收穫的是感恩；當你用惡劣的言行對待別人時，你獲得也將是冷漠。理所當然，你如果想在困難時獲得他人的支持和幫助，那麼在平時的日常生活中，你就要懂得付出；如果只是索取或者用更卑劣的手段來得到自己想得到的東西，那麼在你陷入困境時，就不會有人對你伸出援助之手了。

一隻狐狸被獵狗追得四處逃竄，眼見性命難保。狐狸便連忙向樹枝上唱歌的喜鵲求救。

喜鵲說：「你向東跑吧，東面的小木屋裡住著一位老人，他善良而仁義，救過好多動物的性命呢！」

「好的。」狐狸說完，狼狼地向東逃竄而去。

　　當狐狸敲開老人的門說明來意時，老人冷冷地拒絕道：「不，你上次偷吃了我唯一的一隻老母雞，那可是我唯一的家產啊！我正想找你算帳呢，這下可好，不用我動手，獵狗就會替我收拾你。」老人說完，關上了門。

　　樹上的喜鵲見了，對狐狸說：「你往西跑吧，那裡有一間石頭砌的房子，裡面住著一位善良可愛的姑娘，我想她會救你一命的。」

　　狐狸聽後，又驚恐地朝西逃去。

　　當狐狸來到石頭房子前，說明自己的來意時，小姑娘揮舞著手中的皮鞭，說：「你這個壞傢伙，上次你偷吃了我的一隻羊，我正準備找你算帳呢，即使獵狗不追咬你，我也不會放過你。」說完，揚起手中的皮鞭。狐狸趕忙撒開四腿，落荒而逃。

　　這時，喜鵲又朝牠喊道：「趕快向北跑吧，那裡有一個帳篷，住著一位動物保護者，他肯定願意幫助你，因為他是動物們的救星。」

　　狐狸聽後，又趕忙朝北面跑去。

　　當狐狸來到帳篷前並說明來意時，那位動物保護者冷冷地拒絕道：「朋友，雖說我是一名動物保護者，我的主要任務是呼籲人們不要濫捕殺你們。但是，我絕不容忍一個偷喝了我唯一一罐啤酒的傢伙。」說完，動物保護者舉起了一把用來防身的、明晃晃的匕首。

　　狐狸一見，又狼狽而逃。樹上的喜鵲見狀，嘆息道：「原來如此啊，你今天逃不過獵狗的利爪了。不過，這結局是你自己造成的。」

　　狐狸剛想開口狡辯，獵狗已撲了過來，只一下，獵狗就咬斷了狐狸的喉管。

狐狸在倒下的一瞬間，哀嘆道：「的確，這結局是我自己造成。」

遺憾的是，狐狸醒悟得太遲了。

在人與人之間的交往中，多一份付出，就多一份感激；多行一件善事，就多一份感恩的回報；人與人的關係就會在相互的感激中更加親密，反之，就會帶來相反的作用。

生活禪

有的人在獲得了別人的恩惠時，不是想著回報，而是算計著怎樣再去獲得一些「無償的援助」，長久這樣下去，就會被看出他的真實意圖。但是，在這個世界上沒有人喜歡長期與一個貪婪的人打交道，這樣的人最終會失去所有的朋友，成為孤家寡人。自古以來，做壞事的人都會受人譴責，遭人唾棄。如果一個人經常做壞事，當他在遇到困難時，就不一定能遇到「救星」了。

■謙虛、謹慎是很有必要的

沒有人不喜歡花環、掌聲。當你把榮耀的桂冠戴在他人的頭上時，你就可以從他那裡得到好處，這就是在任何時候都適用的雙贏策略。

任何人性格上都有弱點，有的好賭，有的好為人師，但更多的人喜歡

榮耀，因為榮耀就如同太陽的光芒，能使自己光芒萬丈，但是可以使別人變得黯淡，也容易使別人產生一種不安全感。而如果你擁有給予別人榮耀的機會，但自身缺乏其他物質，包括賴以生存的物質時，你不妨拿「虛無」的榮耀去與別人換有形的物質，這樣雙方各有所得，皆大歡喜。

在十六世紀時，由於當權者大多忙於爭權奪利，很少有人能重視科學研究，因此有很多科學家的處境都很艱難，義大利天文學家及數學家伽利略也面臨同樣的困難。有時候，伽利略不得不把自己的發現和發明當作禮物，送給當時的一些權貴們，希望從他們那裡得到贊助，以便自己繼續從事研究工作。然而，不管那些發現多麼偉大，這些贊助人通常都是送他禮物，而不是贈與現金，因此伽利略的生活常常處於困頓之中。

一六一○年，伽利略發現了木星周圍的衛星。

這一次，伽利略把這個發現集中呈獻給當時最有權勢的麥迪西家族。伽利略在寇西默二世登基的同時宣布，自己從望遠鏡中看見一顆明亮的星星（木星）出現在夜空上。伽利略表示，衛星有四顆，代表了寇西默二世與其三個兄弟；而衛星環繞木星運行，就如同這四名兒子圍繞著王朝的創建者寇西默一世一樣。

在將這項發現呈獻給麥迪西家族的同時，伽利略委託他人製作一枚圖案 —— 天神朱比特坐在雲端之上，四顆星星圍繞著他。徽章獻給寇西默二世，象徵他和天上所有星星的關係。

寇西默二世獲得這巨大的榮耀後，很是高興，他立即任命伽利略為其宮廷哲學家和數學家，並給予全薪。這對一名科學家而言，意味著有良好的物質條件去從事研究工作了，就這樣，伽利略四處乞求贊助的日子終於結束了。

伽利略恰到好處地利用了貴族們的弱點 ── 喜歡名聲與榮譽。事實上，誰不想得到榮譽呢？伽利略清楚貴族們所關心的只是榮耀與名聲，因此，他把自己的發現與貴族的名字連繫起來，就這麼簡單，伽利略獲得了自己能夠生存、發展的物質條件。

人性就是這麼奇妙！你給予他榮譽，他就能給你你想得到的一切。

生活禪

沒有人不喜歡被鮮花包圍，沒有人不陶醉於掌聲中，沒有人想拒絕鎂光燈的誘惑，那些平日高高在上的當權者也有此俗念。因此，身為下屬的你，一旦有了拋頭露面的機會時，千萬不要把長官晾在一邊，不然，獨自出風頭，便是自絕於長官，等待你的往往只有兩個字 ──「走人」。

身為下屬，如果你有好的建議或意見，並懷著一腔熱情去獻計獻策時，一般情況下都會受到冷遇，因為沒有一個上司願意聽下屬的指教。但是，如果你巧妙地把自己的建議移植到上司腦海中，既能讓上司在不知不覺中接受你的指令，又不傷害他的權威，何樂而不為呢？

當你有了功勞時，上司肯定會勉勵你一番，這時你必須表現出謙虛的胸懷，並繼續埋頭踏實地苦幹。如果你自以為功績不凡，權欲膨脹，上司肯定會給你顏色看。因此，不管你做出了多麼大的貢獻，在上司面前謙虛謹慎，還是很有必要的。

▋改變，從自己開始

「我要離婚！」一個中年男人對戶政官員說。

「為什麼？」官員開始了例行問話。

「我和妻子性格不一樣，我急，她慢。我讓她改，她卻置之不理；我喜歡吃辣的，她卻喜歡吃甜食，我讓她改變口味，她反對……」

「我要辭職！」一名員工對老闆說。

「為什麼？」老闆問。

「和我同一個宿舍的員工大多來自湖北，晚上他們都喜歡聽黃梅戲，可我喜歡看功夫片，我讓他們安靜，他們集體抗議……」

瞧瞧！我們總是喜歡去改變別人，但是，這樣的結局總是徒勞的。因此，明智的人總是喜歡先改變自己。

在西敏寺地下室裡，英格蘭教會主教的墓碑上寫著這樣的一段話：

當我年輕自由的時候，我的想像力沒有任何局限，我夢想改變這個世界。

當我漸漸成熟明智的時候，我發現這個世界是不可能改變的，於是我將眼光放得短淺了一些，那就只改變我的國家吧！

但是我的國家似乎也是我無法改變的。

當我到了遲暮之年，抱著最後一絲努力的希望，我決定只改變我的家庭、我親近的人 —— 但是，唉！他們根本不接受改變。

現在在我臨終之際，我才突然意識到：如果起初我只改變自己，接著

我就可以依次改變我的家人。然後，在他們的激發和鼓勵下，我也許就能改變我的國家。再接下來，誰又知道呢，也許我連整個世界都可以改變。

生活禪

　　與其改變別人，不如改變自己。當你試圖改變別人時，肯定會遭到抗拒；當你一點點改變自己時，就能用自身良好的言行去影響周圍的人和事，從而達到「潤物細無聲」的效果。

　　無論什麼時候，不管你是卑微的，還是偉大的，都不要試圖去改變別人，即使對方是你的伴侶，因為沒有人心甘情願地樂意被別人改變，從而失去了本性。而且，人有時像刺蝟一樣，你和他距離近了，對方就會縮成一團，用身上的「刺」來對付你。因此，但凡是智者，總是從改變自己開始的。

▌同舟共濟海讓路

　　一天，張三和李四同船渡河。由於以前他們曾為偶然遇到的一隻死兔子而大打出手過。從那以後，兩個人見了面，誰也不理誰，都把一肚子怨氣埋在心裡，只想著伺機報復對方。因此上船後，張三坐到了船頭，李四則坐到了船尾。

　　當船到河中心時，突然遇上了風浪，小船隨著風浪一起一伏，眼看著

就要被浪頭打翻。船夫忙喊李四與張三過來幫助自己穩住舵，但他們倆同時拒絕了。

「不是我不幫你，是因為李四也在船上，如果我幫你的小船度過了危機，李四豈不是得到了我的恩澤？不行，我不能讓李四間接得到好處。」張三小聲對船夫說。

「喂，如果這條船翻了，哪一頭先進水。」李四開口問道。

「當然是船頭！」船夫沒好氣地問答，又忙著穩住舵，避開了一個浪頭。

李四聽到船夫的回答後，放心地想：「是張三那一頭先進水，要死他也比我先死，我才不出手幫船夫呢，以免張三間接地得到我的好處！」

又一個巨浪打來，小船終被掀翻，張三和李四都掉進河裡，被河水淹死了。而船夫抱住了一塊木板，順利地遊到了河對岸。

生活禪

「同舟共濟海讓路。」何況是一條河呢？但張三和李四把仇恨看得比生命還重要，他們寧可和對方一起死，也不願意出手相助，其實這樣做是一種愚蠢的行為，因為沒有什麼比生命更重要的！如果張三和李四聯手自救，還有一線生機，但他們的理智已被仇恨淹沒了。所以，才選擇了沒有價值的死。

在面對困境時，你應該選擇和仇人同舟共濟，共度難關。也許在經過共同的磨難後，仇恨會被患難之中的真情所淹沒。

▌與他人和諧相處

秋天，仰望長空，我們經常會發現大雁排成整齊的隊伍飛行，牠們的隊形有時呈一字形，有時呈人字形。那麼，你可曾想過為什麼大雁要排成「V」字形的雁陣嗎？科學家告訴我們，在雁陣中大雁飛行的速度比單飛高出 71%。處於「V」字形尖端的大雁任務最為艱鉅，需要承受最大的空氣阻力，因此領頭的大雁每隔幾分鐘就要輪換，這樣雁群就可以長距離飛行而無需休息；雁陣尾部的兩個位置最為輕鬆，強壯的大雁就讓年幼、病弱以及衰老的大雁占據這些省力的位置，群雁不停地鳴叫，這是強壯的大雁在鼓勵落後的同伴。如果哪隻大雁因為過於疲勞或生病而掉隊，雁群也不會遺棄牠，牠們會派出一隻健康的大雁，陪伴牠落到地上，一直等到牠能繼續飛行。

這種緊密合作的社會秩序對於雁群的生存和健康發展產生了非常關鍵的作用。

但是，我們人類選擇鳥類作為學習的榜樣時，卻常與大雁無緣。絕大多數人喜歡選擇海鷗，因為每一隻海鷗看上去是那麼地自由自在，牠們的飛行高度能高出其他海鳥，牠們能滑翔出一個個美麗的弧形……

然而，這僅僅是作為個體的海鷗所表現的美好的一面。當在海鷗群裡時，牠完全變了個樣子，所有的優雅與莊嚴都墮落為骯髒的內鬥與殘忍。還是那隻海鷗，牠像炸彈般衝入鷗群中，偷走一點肉屑，激起散落的羽毛和憤怒的尖叫。

海鷗之間不存在分享與禮貌的既念，只有嫉妒和凶殘的競爭。如果你在一隻海鷗的腿上繫上根紅絲帶，使牠顯得與眾不同，你就等於宣判了牠

的死刑，其他海鷗會用爪子和嘴猛烈地攻擊牠，讓牠皮開肉綻、鮮血直流，直到倒在地上成為血肉模糊的一團。

生活禪

　　也許在你眼裡，大雁遠不如海鷗漂亮，有風采，但是，一個海鷗群和一個大雁群體是無法競爭的，因為團結的大雁具有無堅不摧的力量，而一盤散沙的海鷗群體是不堪一擊的。

　　在現代社會裡，很多人都選擇錯了學習的對象，他們在社會群體交往中，喜歡扮演海鷗的角色 —— 為了自身的利益爭吵不休，甚至大動干弋，但這換來的代價是 —— 不得不孤獨地承受著自身的巨大壓力。

■帶著感恩的心生活

　　曾看到這樣一條簡訊：「所謂幸福，是有一顆感恩的心，一個健康的身體，一份稱心的工作，一位深愛你的愛人，一群值得信賴的朋友。」是的，假如我們習慣於感恩他人，就會得到他人更多的信任和喜歡；假如我們習慣於感謝生活，就會得到生活更多的眷顧和寵愛。

　　自古以來就有「滴水之恩當湧泉相報」、「知恩不報非君子」的古訓。在生活中，我們不僅應該發自內心地孝敬父母，尊敬師長，而且對於那些曾經幫助過自己的人，也應該發自內心地感激。感恩是每個人都應該有的

基本道德準則，是做人最基本的修養，不會感恩或者是不願意感恩的人，是不懂得感情可貴的，這樣的人走到哪裡都不會受到歡迎。

一天，山洪突然暴發，洪水迅速地淹沒了許多地方，許多人還來不及到高地躲避，就被洪水捲走了。

河馬見了，奮不顧身地跳進水中，一次又一次地把還活著的人搶救起來，背到安全的地方。後來，河馬因過於勞累，而昏迷了過去。當牠醒來時，洪水已退下去了。

「我救起來的那些人都活著嗎？」醒來後的第一件事，河馬便問守候在身邊的妻子。

「當然，你一共救起了五十九個人。他們現在都很健康地活著。」妻子回答說。

一年後，動物王國早報的山羊記者在採訪河馬時，問道：「你對一年前突然發生的那次洪水還留有記憶嗎？」

「我只清楚地記得山洪暴發時，我一共救起了五十九個人，但後來他們當中一個人也沒來向我道謝過，其餘的，我都不記得了。因為後來我累昏了過去，好幾天不省人事。」

生活禪

面對他人無私的幫助，你應當表示最真誠的謝意。常懷感恩之心的人，自己也會得到快樂。

切忌不要在得到別人的恩惠而度過危機時，忘記了向自己施予恩惠的人，他們有理由得到你的感謝與敬意。如果得到了

別人的恩惠而始終無動於衷，那麼當你再一次遭遇困難時，恐怕上帝也不一定再次伸出仁慈之手，救你逃出火坑。

帶著一顆感恩的心去生活吧，並盡自己之所能去幫助別人，你就會覺得付出與得到一樣快樂。

■對自己的誓言負責

有這樣一個寓言故事：

東海裡，海龜和章魚同時發現了一顆水龍珠。於是，牠們商議後決定，由海龜把這顆水龍珠拿到日本出售，所得收入兩人平分。

一年後，海龜背著鼓鼓囊囊的錢袋從日本歸來，章魚忙趕到海龜家。一番寒暄後，章魚見海龜絕口不提分錢的事，心裡很是吃驚，便忍不住問道：

「龜兄，那顆水龍珠賣了嗎？」

「哦，賣了。我……」海龜說完，正準備轉換話題時，章魚緊追著問道：「那麼，現在可以把我的那一半分給我吧。」

「什麼？你的一半？哪來的你的一半？」海龜說完，不耐煩地揮了揮手，示意章魚走人。

「龜兄，那顆水龍珠是我們共同發現的，當時不是說好賣後所得的收入我們平分嗎？」

「你有什麼證據證明，當初你也是水龍珠的發現者？」海龜理直氣壯地反問章魚。

「這……這……」章魚為難地說，「龜兄，即使你不給我一半，給三分之一也行。再說，這一年，你的家人都是我照顧的呢。」

「你們都得到了牠的照顧了嗎？」海龜怒氣沖沖地問自己的家人。

「沒有！」海龜因一進門就與家人串通好，因此，牠的家人眾口一詞地回答道。

「你……你竟然見利忘義，不守信用，今後不會再有人與你們交往，與你們為友了。」章魚說完，離開了海龜家。

從此以後，海龜一家便遭到眾人的唾棄，牠們羞愧得不敢抬頭做人，一輩子只好縮頭縮腦的生活。

生活禪

人無信不立。「信」就是遵守自己的諾言，實現自己的諾言，講信用是與人相處的根本。

當一個人因貪小利而出現信任危機時，他所遭受的損失是失去他人的信任與友誼。如果這個人不改正自己的缺點，而一味繼續欺騙他人時，他就會失去更多 —— 一個不講信用的人，在社會中會遭到眾人的鄙視，如果想發展自己的事業，也會因失去信用而寸步難行。

一個不講信用的人，其結局就如同寓言中的海龜一樣，一輩子落得縮頭縮腦做人的下場！

稀釋生命中的「不愉快」：

在意他人眼光、沉溺自卑心理、追求欲望虛名……這樣活著不僅你很累，心也很累！

編　　者：莊天賜

發 行 人：黃振庭

出 版 者：崧燁文化事業有限公司

發 行 者：崧燁文化事業有限公司

E-mail：sonbookservice@gmail.com

粉 絲 頁：https://www.facebook.com/
　　　　　sonbookss/

網　　址：https://sonbook.net/

地　　址：台北市中正區重慶南路一段六十一號八
　　　　　樓 815 室

Rm. 815, 8F., No.61, Sec. 1, Chongqing S. Rd.,
Zhongzheng Dist., Taipei City 100, Taiwan

電　　話：(02)2370-3310

傳　　真：(02)2388-1990

印　　刷：京峯彩色印刷有限公司（京峰數位）

律師顧問：廣華律師事務所 張珮琦律師

定　　價：350 元

發行日期：2023 年 06 月第一版

◎本書以 POD 印製

國家圖書館出版品預行編目資料

稀釋生命中的「不愉快」：在意他
人眼光、沉溺自卑心理、追求欲望
虛名……這樣活著不僅你很累，心
也很累！/ 莊天賜 編著 . -- 第一版 .
-- 臺北市：崧燁文化事業有限公司，
2023.06面；　公分
POD 版
ISBN 978-626-357-385-7(平裝)
1.CST: 人生哲學 2.CST: 生活指導
191.9　　112007123

電子書購買

臉書